シリーズ「遺跡を学ぶ」
120

国宝土偶「仮面の女神」の復元

中ッ原遺跡

守矢昌文

新泉社

国宝土偶「仮面の女神」の復元

—中ッ原遺跡—

守矢昌文

【目次】

第1章 「仮面土偶」の発見……4

1 THE POWER OF DOGU……4

2 仮面をつけた土偶発見!……7

3 「仮面土偶」の掘り上げ……14

第2章 よみがえる「仮面の女神」……21

1 復元とレプリカ製作……21

2 愛称「仮面の女神」の誕生……25

3 国宝指定へ……28

第3章 中ッ原縄文ムラを探究する……31

1 中ッ原遺跡調査の歩み……31

2 縄文文化繁栄の地……39

装　幀　新谷雅宣
本文図版　松澤利絵

3　中ッ原縄文ムラの盛衰……47

第4章　「仮面の女神」を探究する……56

1　どのようにつくったのか……56
2　「仮面の女神」の系譜は……65
3　どのように扱われたのか……72

第5章　八ヶ岳西麓の縄文文化の終焉……81

1　八ヶ岳西麓の縄文ムラの盛衰……81
2　中ッ原ムラの終焉と「仮面の女神」……86
3　中ッ原遺跡の保存……90

参考文献……92

第1章「仮面土偶」の発見

1 THE POWER OF DOGU

二〇〇九年九月、イギリス大英博物館で、土偶をテーマとした大規模な企画展が開催された。日本国内の国宝、重要文化財を含む約六七点の土偶が海を渡り、「DOGU」として大英博物館に展示されたのである。

当時の国宝土偶三点（長野県茅野市の棚畑《たなばたけ》遺跡から出土した「縄文のビーナス」、北海道函館市の著保《ちょぼ》内野《ないの》遺跡から出土した「中空土偶」、青森県八戸市の風張《かざはり》1遺跡から出土した「合掌土偶」）と重要文化財土偶二点（山形県舟形《ふながた》町の西《にし》ノ前《まえ》遺跡から出土した

西ノ前遺跡出土「縄文の女神」
（高さ 45.0cm）

棚畑遺跡出土「縄文のビーナス」
（高さ 27.0cm）

図１ ● 大英博物館グレートコート（THE POWER OF DOGU展）
グレートコートは円形の閲覧室をかこむ屋根つきの広い中庭で、
「仮面の女神」が懸垂幕を飾った。

中ッ原遺跡出土「仮面の女神」
（高さ 34.0cm）

著保内野遺跡出土「中空土偶」
（高さ 41.8cm）

風張１遺跡出土「合掌土偶」
（高さ 19.8cm）

図２ ● THE POWER OF DOGU展で邂逅した５つの土偶（現在は５つとも国宝）

「縄文の女神」、長野県茅野市の中《なか》ッ原《ぱら》遺跡から出土した「仮面の女神」＝二点とも現在は国宝）が時空を超えロンドンの地で邂逅《かいこう》した。この企画展は、従来紹介されてきた日本美術とは異なる強烈な造形美と縄文文化の高い芸術性を、世界に発信する大きな契機となった。

　なかでも海外展初出品の中ッ原遺跡出土の「仮面の女神」は、黒く輝くその威容がインパクトを与えたのか、「DOGU」の代表として、大英博物館の正面玄関を入ったグレートコート内の懸垂幕や企画展の図録の表紙、館内案内を飾った。そして、展示室の奥まった特別ゾーンに、晩秋の八ヶ岳西麓の巨大な写真パネルをバックに「縄文のビーナス」と並んで展示されたのである。ロンドン考古協会のオンラインニュースレター“the Society of Antiquaries of London Online Newsletter”では「—you will find it hard to get them out of your mind: a haunting triangular face, like a praying mantis, perches above a cruciform body balanced on massive thighs.（—太い脚、十文字に広げた体の上についたカマキリのような逆三角形の顔が、あなたの心に残るでしょう）」とその造形の面白さが注目され、土偶の造形は現代の〝カワイイ〟クールジャパンの原点と評された。

図3●THE POWER OF DOGU展の「仮面の女神」展示風景
晩秋の八ヶ岳西麓の写真を背景にして展示された。

この注目を浴びた「仮面の女神」は、その造形の面白さやそれ自体の価値だけではなく、その発見から公開、復元までの経過を詳細に追えること、また公開で掘り上げられた点で第一級の考古学的資料である。この土偶はどのような状態で出土したのか、出土した遺跡はどのような遺跡なのか、そして、この土偶はどんな思いを込めてつくられ、埋められたのかが、出土状態や遺跡の継続性などから読み取ることのできる数少ない貴重な事例なのである。

2　仮面をつけた土偶発見！

中ッ原遺跡の発掘

二〇〇〇年七月二〇日、茅野市尖石《とがりいし》縄文考古館がリニューアルオープンした。尖石遺跡や八ヶ岳山麓の縄文時代研究を精力的に推進した宮坂英弌《ふさかず》（一八八七～一九七五）が、一九五一年に自宅を改造してつくった「尖石館」から数えて四代目の考古館である。

本館は、特別史跡の尖石遺跡（正式名称は尖石石器時代遺跡）に隣接し、そのガイダンス施設の役割をはたすとともに、宮坂英弌の発掘資料や市内でおこなわれた発掘調査により出土した遺物を収蔵・保管・展示する博物館で、新たに縄文時代の考古資料で最初に国宝に指定された棚畑遺跡出土土偶「縄文のビーナス」を展示する常設展示室が完成した。リニューアルオープン時には、市民とともに「茅野市五〇〇〇年尖石縄文まつり」を開催するなどして、約一万人にもおよぶ人びとが新しくなった尖石縄文考古館を訪れた。

その熱気も冷めやらない一カ月後のお盆明け、尖石縄文考古館から車で一〇分ほどの湖東山《こひがし》口地区にある中ッ原遺跡が大きな話題と熱気に包まれることになる。

中ッ原遺跡は、明治時代から格好の土器・石器の採集場として、考古資料に興味のある者にとっては知られた存在であったが、縄文時代のムラの実態はわからないままだった。それが一九七四年の農道開設にともなう発掘調査で、大規模な環状集落であることが遺構・遺物の出土状況から判明し、台地を山口集落から花蒔《はなまき》集落へ通じる東西に走る市道周辺が集落の中央部であると想定された。しかし、その詳細は台地全域に調査が入るまで不明なままであった。

そのようななかで、一九九二年に、県営ほ場整備事業にともなう本格的な発掘調査がおこなわれた。集落の形はほぼ想定されていたが、何が出土するかは当然のことながらわかってはいなかった。しかし、一九九九年の第Ⅱ次の発掘調査時に、墓と思われる土坑《どこう》からヒスイ製やコハク製の垂飾が出土し、墓を掘れば何かいいものが出るのではといった期待感が発掘作業に携わる者に広がっていた。

翌二〇〇〇年七月、当初から想定していたとおり、市道に沿った住居址にかこまれたほぼ中央部で、累々とまるで月のクレーターのように土坑が数多くみつかった（**図16参照**）。環状集落の中央広場に展開する墓坑群と予測され、土坑調査への期待感は高まっていた。

当時の調査日誌から、土坑調査と土偶発見時の様子を追ってみよう。

八月一七日（木）晴れ。お盆休み明けの蒸し暑い日。盆前に完掘してあった調査区北側の住居址の写真撮影のための清掃作業を開始する。

図4 ● 八ヶ岳山麓と中ッ原遺跡
上川と柳川にはさまれた範囲が八ヶ岳西麓で、
それより南側が八ヶ岳南麓になる。

八月一八日（金）晴れ。昨夜の雷雨のためシート上の排水、泥の流出の除去に時間がとられ、遺構の清掃作業に手間取る。

八月二一日（月）曇り時々小雨のあいにくの天気で蒸し暑い日。調査区北側の重複する住居址群の清掃と写真撮影をおこなう。本日で農道北側範囲の掘り下げ調査を終了する。

八月二二日（火）晴れ。猛暑となる。農道北側住居址の写真撮影の継続。本日より調査区南側の土坑群が確認されている範囲の調査に入る。

土坑の重複が激しいため、南北方向に走る畑の土手部を土層観察用ベルトとし土層観察をおこなう。土坑の上面は重複が激しいが、ロームブロックを含む埋め戻された状態の覆土の状況などから墓坑と思われる。午後、第五九号土坑の掘り下げ途中、土坑底面に伏せた状態の浅鉢《あさばち》が出土し、後期の鉢被《はちかぶ》せ葬（埋葬者の頭部に浅鉢形土器をかぶせて埋葬した）の墓坑であることが予測できた。

八月二三日（水）晴れ。残暑が厳しい。道際の第二号・四号住居址の遺物出土状態の平面図作成。土坑群の掘り下げ作業継続。

「仮面土偶」の発見

八月二三日午後二時過ぎ、炎天下のなか作業を継続していた。すると測量している場所から約三〇メートル離れた南側調査区の土坑を掘り下げていた発掘作業員の柳平年子《やなぎだいらとしこ》さんが「黒く尖ったものが出た」と呼びに来た。昨日の第五九号土坑で伏鉢発見のこともあったので、浅鉢が出土したかと尋ねたが、「黒く三角形をしたもので浅鉢ではない」とのことである。

土坑のなかに土偶が埋置されているのでは……。私は、一九八六年九月八日、棚畑遺跡で土偶「縄文のビーナス」の発見を経験していた。もしかしたら同様の……との期待をもちながらその場所へ駆けつけ、現場を確認すると、、土坑内の脇に黒く三角形の土製品が横たわっている。浅鉢ではない。やはり棚畑遺跡の第五〇〇号土坑で「縄文のビーナス」を最初に発見したときと同じ状況だと直感した。

はたして「黒く三角形をしたもの」は、逆三角形をした顔面と思われる部位であった。この仮面状の様子をみて、すぐさま中ッ原遺跡とは諏訪湖をはさんで西側にある辰野《たつの》町の新町泉水《しんまちせんすい》遺跡から出土した「仮面土偶」（**図32参照**）と同じだと思った（後に公募で愛称が「仮面の女神」と決まるまで、中ッ原遺跡出土の土偶も「仮面土偶」と呼んでいた）。これはものすごいものが出土したと直感し、「これからたいへんなことになるのだろうなあ」と思った。

柳平さんによると、「昨日はちがった場所を担当して作業をしていたが、八月二三日この場所を掘るように割り当てられ、土坑の西隅から掘り進んだ。土坑北側には何もな

図５ ● 発見者柳平年子さんの作業風景
8月23日暑中の炎天下、「仮面土偶」が出土した土坑の清掃作業中の一こま。

く作業を進めたが、土坑中央からやや南西壁際を掘り下げていくと、尖った土器片のようなものが移植ごての先に当たった。それを広げていくと三角形のものになったので、そこで連絡をした」とのことであった。発見したとき、夏にもかかわらずゾクゾクと寒気がしたという。発見した柳平さんにしてみれば、みたこともない遺物の出現に戸惑ったものと想像できる。

また柳平さんは後日、発見前の面白いエピソードを語ってくれた。「(発見の)昨晩、面白い夢をみた。大勢の人が玉手箱をかこんでワイワイと騒いでいる様子の夢だった」、あれは正夢ではなかったのかと不思議な思いをしたという。そして、柳平さんは発見したときの感動をつぎのような短歌に詠んでいる。

二千年　処暑の日浴びて　発掘すを　手元に光る　仮面の土偶
四千年　土坑にねむる　仮面の土偶　今日のよき日に　めざめ輝く

「これは、慎重に対応しなければ」

さて、「仮面土偶」を発見したとき、逆三角形の仮面状表現の顔面はあらわれていたが、頭部以下はまだ土に埋もれていた。そこで注意深く顔面から胴体あたりの土を少しずつどけていくと、大形であること、側臥《そくが》の状態で顔面が内側をむいていることは把握できた(図6)。しかし、脚部はまだ土のなかで全体像はわからなかった。とくに体部から若干離れた位置にあった円筒形の土製品(後日、土偶右脚部と判明)は、小形土器のような形をしていて、土偶下半部から少し離れている点や太く大きいことから、まるで土偶に小形土器が供えられているのではないか、あるいは小形土器に土偶の片足が入っているようにみえた。

調査担当者として発見時の感想を求められることがある。通常このような大発見には「感動した、びっくりした」といった素直な感動があると思われがちだが、実際仕事として担当する立場となると、そうはいかない。報道機関への発表や見学者への対応、調査工期の遅れなどを心配して、いやがうえにも冷静になってしまうものである。とくに棚畑遺跡で「縄文のビーナス」の発見、取り上げにかかわった者としては、当然のなりゆきであった。

棚畑遺跡のときの経験をふまえ、「これは、慎重に対応しなければ」とまず考えた。土偶の出土状態の観察や写真撮影、図面作成などにはいつも以上に時間をかけた調査が必要だと判断し、作業を中断して、後日これらの作業をおこなうべく遺構の保全と、現場にいた発掘作業員さんたちにかん口令を敷き、現状を被い隠し、当日の作業を終了した。

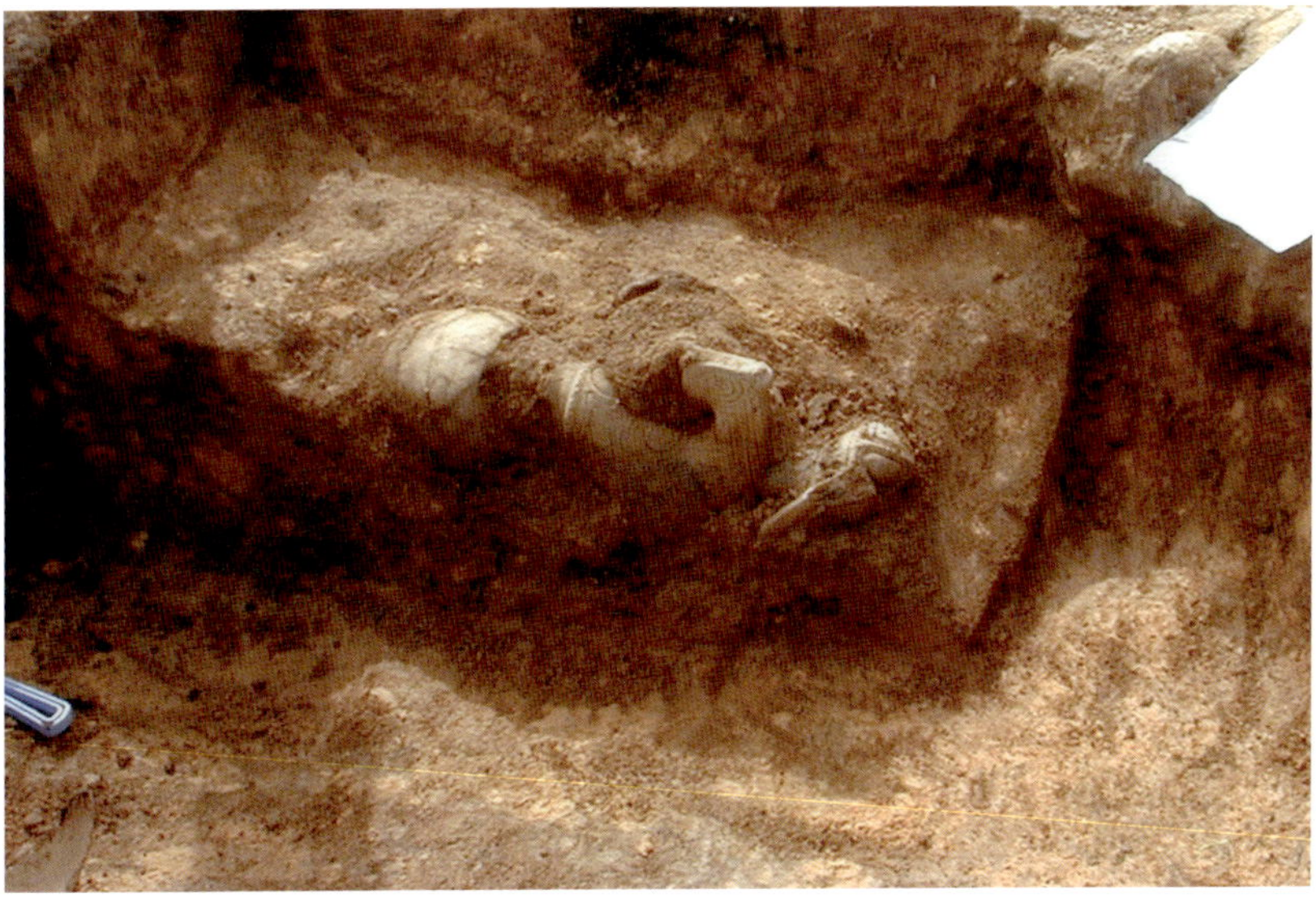

図6 ● 8月23日、発見時の「仮面土偶」
顔面から胴体あたりの土を少しずつどけた状態。
横むきで顔は土坑の内側をむいている。

3　「仮面土偶」の掘り上げ

発掘調査の方法と公開を検討

「仮面土偶」発見の報は、即日関係者に伝えられ、翌二四日には多くの関係者が現場を訪れ、土坑から姿をあらわした「仮面土偶」を目のあたりにした。そして、一様に驚き、ある意味困惑した。今後どのように調査するかと合わせて、どのように公開していくかが検討された。記録保存を前提とした緊急発掘調査であったため、当面出土土坑以外の調査を継続すること、土偶の出土状態のしっかりした観察、写真撮影、図面作成をおこない、「仮面土偶」の情報をまとめること、以上の二点が確認され、遺構・遺物の保全が最重要だという結論に達した。

中ッ原遺跡周囲では、何か重要なものが発見されたようだ、とのあわただしい雰囲気が伝わりつつあったため、夜間警備に職員が寝泊まりすることとなり、徹夜の警備が続いた。

発見から四日たった八月二六日、今後の調査の方法と公開の日程について協議し、二八日に報道発表と公開、三〇日に一般公開、そして三一日に土偶の掘り上げというスケジュールが決定した。「仮面土偶」の出土状態を、そのまま一般に公開することになったのである。

発掘調査の成果を一般公開し、その成果を解説する現場説明会は、全国の多くの遺跡で実施されている。しかし、そのほとんどは調査終了近くに調査成果を公開することがつねであり、遺物を掘り上げた跡を見学するのがほとんどである。それを今回は、調査途上の土中に土偶があるままで公開しようというのである。

出土状態をそのまま一般公開することは、遺物・遺跡にとって、また事業の進行にとって難しい問題があったが、〝茅野市五〇〇〇年　縄文王国〟として七月からすばらしい縄文文化を全国に発信しはじめた茅野市にとっては、取り組みの大きな牽引役となりえる絶好の機会であるとして、万難を排し一般公開に踏み切ることになった。市民にとっても、「仮面土偶」のような重要遺物の出土状態をそのままの状態でみることのできることは二度とないであろうというような特別な機会であった。

ただし私は、私事になるが、ちょうど長女が生まれたばかりで、子どもにも会えないような毎日が続き、夜間警備、公開・発表、調査の段取りとかなりの重圧の日々が続いた。

新聞各社が報道

八月二八日正午、「長野県茅野市内の遺跡で重要な大発見がありましたのでご連絡します」との市広報からの連絡を受けた多くの報道関係者が市役所に駆けつけ、記者会見がおこなわれた。「仮面土偶」の発見の経緯から、その出土状態を説明し、今後の公開スケジュールなどを告知すると、

図7●発見時の新聞報道（8月28・29日）

取材陣が中ッ原遺跡に押しかけ、取材ヘリコプターが遺跡上空を飛行するなど、各社ともに大々的な取材となった。そして、当日の夕刊、翌日の朝刊は、各紙一面トップで「仮面土偶」を報道した。

見出しのいくつかを紹介すると、「国内最大級の仮面土偶出土」との『信濃毎日新聞』二八日夕刊に続いて、翌日の朝刊では「四〇〇〇年の眠りから完全形でお目覚め　最大級の仮面土偶」『朝日新聞』、「三角仮面の大型土偶」『読売新聞』、「仮面土偶完全形で出土」『中日新聞』、「大型仮面土偶が出土」『長野日報』、「「縄文のビーナス」に続く〝国宝級〟の発見」『茅野市民新聞』とある。なかには、墓から大形土偶が出土した重要性についての指摘や「仮面土偶」の造形への着目、「恐怖を感じるほどの威厳」（二九日『信濃毎日新聞』朝刊）といった考古学者のコメントが掲載された。

発掘の一般公開

一般公開を告知した翌日の八月二九日、尖石縄文考古館には、見学会や遺跡の場所などの問い合わせが相次いだ。「こんな大発見を間近でみられる機会は二度とない」との声もあり、予想を上まわる反響から、教育委員会は受け入れ態勢の整備に奔走した。

そして八月三〇日（水）、午後の一般公開に先立ち、午前中には県内の考古学研究者や文化庁記念物課原田昌幸調査官が中ッ原遺跡を訪れた。多くの考古学研究者から、土坑の重複関係や土層の堆積状況、土偶の埋置状況についてコメントをいただき、調査法などについて教示をえた。このように多くの研究者に調査をみてもらうことで、調査担当者単独の見方だけではない多角的な取り組みが可能となった。

また、中ッ原遺跡周辺の地元四校の小中学生に先行公開をおこない、約五〇〇人の地元小中学生が熱心に見学していった。貴重な発見の見学が郷土学習にもつながると考えたのである。

後日談になるが、二〇一四年八月に「仮面の女神」が国宝に指定された際に、尖石縄文考古館を訪れた来館者が、「発見当時中学校で、発掘現場に行き出土状態を見学した。あの土偶が国宝になるなんて」と語る場面に遭遇した。現場で直接みることの大切さ、そのときの印象がいかに強かったかを知ることができた。

さて、午後一時から一般公開を予定していたが、雷雨の心配や見学者の列が遺跡周辺の農道にあふれはじめたため、急遽予定を一時間繰り上げて公開を開始した。事前に遺構などを保護して見学順路を設け、「仮面土偶」が出土している土坑前に二〇人を一グループにして誘導し、担当者が説明をおこなった。解説は約二分ごと繰り返し、その回数は二〇〇回を超えた。

見学者は県内にとどまらず、関東・関西方面などの遠方からもあり、遺跡に隣接する農道には長蛇の列が伸び、約一時間以上の

図８●一般公開に詰めかけた見学者（8月30日）

待ち時間となった。しかし、見学者は「実物をみることができ感動した」「でかくて黒く輝いている」などの声を上げ、各々感銘を受けたようだ。当初用意した資料一〇〇〇部はすぐになくなり、増刷りして最終的には四〇〇〇部の配布となった。

掘り上げの実況中継

こうしていよいよ八月三一日（木）、尖石縄文考古館名誉館長の戸沢充則《みつのり》と長野県文化財保護審議委員の樋口昇一立ち合いのもと、「仮面土偶」の掘り上げを開始する。

まず土偶周辺の土の色や硬さを調べる。土偶のまわりの土はその周囲の土と異なっており、第七〇号土坑という大きな穴を埋めた後、あらためて小さな穴を掘り、そのなかに土偶を埋置したことがわかった。そこではじめにこの小穴を入念に調査した。すると、「仮面土偶」の右脚付近、脚のつけ根、穴の底、左脚のあたりから赤色顔料らしきものを検出した。

つぎに土偶に添えられたような周辺の軽石・土器片を掘り上げた。この土器の小片は、後の検証で、西側に重複する土坑覆土上に廃棄されていた中期後半の土器の破片であることが判明し、第七〇号土坑を掘削時に、隣接する土坑の覆土内にあった土器片が混在したものだと考えている。しかし、軽石はその大きさ、形からみると、自然に混入したとは言い難い状態であった。小穴内の土も、後日土壌の理化学分析をおこなうために保存する。

さらに埋土内のローム粒子や炭化物の含有状況に注意しながら掘り下げ、発見当時から外れていた右脚を掘り上げる。右脚には亀裂が入っていて、慎重に作業をつづけ、スポッと掘り上げることができた。コップのような形で、なかには土が詰まっていた。また、胴体のほうの脚のつけ根の穴の観察から、「仮面土偶」は内部が空洞になっている「中空土偶」であることがわかった。

引き続き頭部や腕部が破損しないように慎重に掘り上げ作業をおこなった。狭い土坑内で、指導する戸沢、樋口に見守られながらの作業である。調査の様子をみようと詰めかけた者には、土坑内の作業の様子が伝わらないため、作業の実況を鵜飼文化財係長が逐次実況するなかで、作業は粛々と続いた。

そして午後四時四〇分、「今、上がります」の実況の声に応えるように「仮面土偶」を持ち上げた。ずしりとした重さを感じたと同時に、周囲の方々から安堵の声と拍手が沸き起こった。その瞬間、右腕の部分に入っていた亀裂から折れ、一瞬ドキリとしたが、無事全身を掘り上げることができたのである。

図9 ● 戸沢充則名誉館長とともに掘り上げる（8月31日）
午前中からはじめた作業は、埋置状態の詳細な調査記録や土器片・土壌などの採取をへて、午後4時40分、「仮面土偶」本体をおそるおそる掘り上げた。

公開掘り上げの意義

発掘時に現場で立ち会った原田昌幸は、その発見の様子について、「二〇〇〇（平成十二）年八月二十三日、高原とはいえ真夏の太陽がまぶしい茅野市中ッ原遺跡。圃場整備事業のために発掘調査が行われていたこの遺跡の片隅で、歓声が響いた。縄文時代後期の土壙の中から、仮面を付けたような顔面を持つ大形の土偶が、横たえられた状態で出土したのである。しかも、土圧で僅かに足の一部が割れてはいるが、みごとな完形。土偶は、壊され、ばらばらの状態で〝ムラ〟の周囲に送られた（撒かれた）のだ、という考古学の常識を、あまりにも完璧に否定するような出土状態」と述べている。

戸沢充則も、発見当時、現場でのインタビューで「造形的にも優れており国宝級。それに加え、大形の土偶の出土状態がしっかり、発掘調査により得られたことは、土偶の使われ方を研究する上にも重要な発見である」と語り、掘り上げに立ち合ったときの感動を「国宝土偶である〝縄文のビーナス〟も、遺跡から取り上げられた直後に、箱の中に寝ているのを見ただけです。だから全高三〇センチを超えるような大形土偶が完全な形で、しかも一つの墓の中に昔のままの状態で出てきた土偶を、発見直後から取り上げまで、ほぼ最初から最後までつき合うことができたなんてことは、本当に感動きわまれりといったところです」と、後日語っている。

こうして「仮面土偶」の掘り上げは、多くの目と時間をかけて慎重におこなわれ、土坑から「仮面土偶」が出土したという事実を、一部の関係者だけでなく、多くの人びとと共有することができたとともに、土偶研究のうえでも重要な役割をになうことになったのである。

第２章　よみがえる「仮面の女神」

1　復元とレプリカ製作

「仮面土偶」の復元

八月三一日に中ッ原遺跡から掘り上げた「仮面土偶」は、尖石縄文考古館の収蔵庫に収蔵された。通常、発掘調査によりえられた土器などは、考古館内で洗浄し、復元するのが通例である。しかし、今回の「仮面土偶」は、重要な文化財であるという観点から、また中空構造で胎内に土砂が充満しており、内部に何かが詰まっている可能性があることや脆弱な部分の補強をしなければならないことから、文化財修復専門業者に復元を依頼することになった。

復元に際しては、胎内の土砂の取り出しから、洗浄、復元まで、大きく現品の姿、資料的価値を損なわないことを基本として、修復業者と協議を重ね、以下の基本方針をまとめた。

・胎内土砂の取り扱い：土砂の化学分析を実施することを前提に、サンプリング資料として採取する。

・現品の確認：ひびなどの破損の状況、胎内の現状把握のために、X線写真の撮影、胎内の写真撮影をおこない、輪積み製作の状況を記録化する。復元し終わった状態でX線CT写真撮影をおこなう。

・遺物洗浄について：赤色塗料の付着などを注意しながら、できるかぎりの洗浄をおこなう。

・破片の組み立てと復元について：破損している右脚を完全復元後、体部との接合状況をみながら、破片の不足部分は樹脂などで補い、現品と復元部分の区別がつくように彩色する。発掘調査時についた仮面部の破損面、右肩部の破損は修復し、脚裏の剝離状の破損については、古い破損で、使用痕跡の可能性があるため補修しない。

・現品の保存処理：本体への薬剤強化は極力避け、腹部に認められるひびや、右腕部のやや風化している範囲に希釈した樹脂を浸透させる。

・レプリカの作成：レプリカを三体作成する。

二〇〇一年一月二四日、このような基本方針を確認し復元作業がはじまった。なお、作業状況は、作業に支障のない範囲で報道に公開することとし、とくに地元ケーブルテレビLCVは、発掘当初よりドキュメンタリー番組として企画し、復元業者まで出向き取材を重ねた。

胎内から脚部破片を発見

二月一五日（木）、「土偶の腹のなかから脚部の破片が出てきました」との連絡が修復業者から入った。

復元作業に入る前、発掘調査によりえられた土偶の破片は二点で、脚のつけ根部分の部品が足りないことはわかっていた。しかし、復元前のX線写真撮影では、異物の混入は確認されてはいなかった。それが、胎内に詰まった土砂を脚部の空洞から掻き出す作業をおこなっていたところ、ちょうど右側腹部の土を掻き出したときに、なかから黒い大きな土器片のようなものがポロッと出てきたという。その様子は作業を取材していたLCVが映像にとっていた。

また、外れていた右脚のなかからも二片の破片がみつかり、これで当初足りないと思われていた脚のつけ根部分のすべての部品がそろった。このような特異な破片の出土状況は、「仮面土偶」の埋置の仕方を復元するために重要な情報源となった。

レプリカ作成

こうして「仮面土偶」は復元され、つぎはレプリカの作成に移った。一般的なレプリカ制作では、復元が完成した姿を写しとるが、今回は完形に復元してしまうと破損部分の状況や内部の観察ができなくなるため、脚部がとれた状態と完形に復元した状態のレプリカを作成した。

完形を復元したレプリカは、その後、全国各地の博物館の企画展などへ貸し出されており、多い年では四回もの貸し出しがある人気の資料である。なお現在、考古館所有以外のレプリカは長野県立歴史館に研究・展示用として所蔵されている。また、きちんとした学術的なレプリカではないが、土産物として「仮面土偶」の造形は用いられ広まっている。

よみがえった土偶の一般公開

二〇〇一年三月九日、復元途中の報道公開をおこない、胎内に入れられていた破片などを含めて破片の接合が終わった姿のお披露目と、脚の外れた状態のレプリカを公開し、破片の接合状況の説明と、胎内の制作方法、破片の接合関係から想定できる「仮面土偶」の壊され方とその埋め方について、この時点でわかった情報を公開した。

そして企画展「甦る仮面土偶展」を四月一四日から五月二〇日まで開催した。復元された「仮面土偶」を中心に、市域の後期の遺物、とくに鉢被せのされた土坑出土の浅鉢に焦点をあて、土坑と土偶の埋置との関係を表現した。あわせて「仮面土偶」の出土した土坑周辺のジオラマを展示した。この企画展には復元された「仮面土偶」をみようと、一万二四五〇人の入館者が考古館を訪れた。

また、会期中の四月一五日には「縄文の墓とまつり」と題して縄文時代後期の研究者、土偶研究者、発掘担当者によるシンポジウムを開催した。後期の集落のあり方

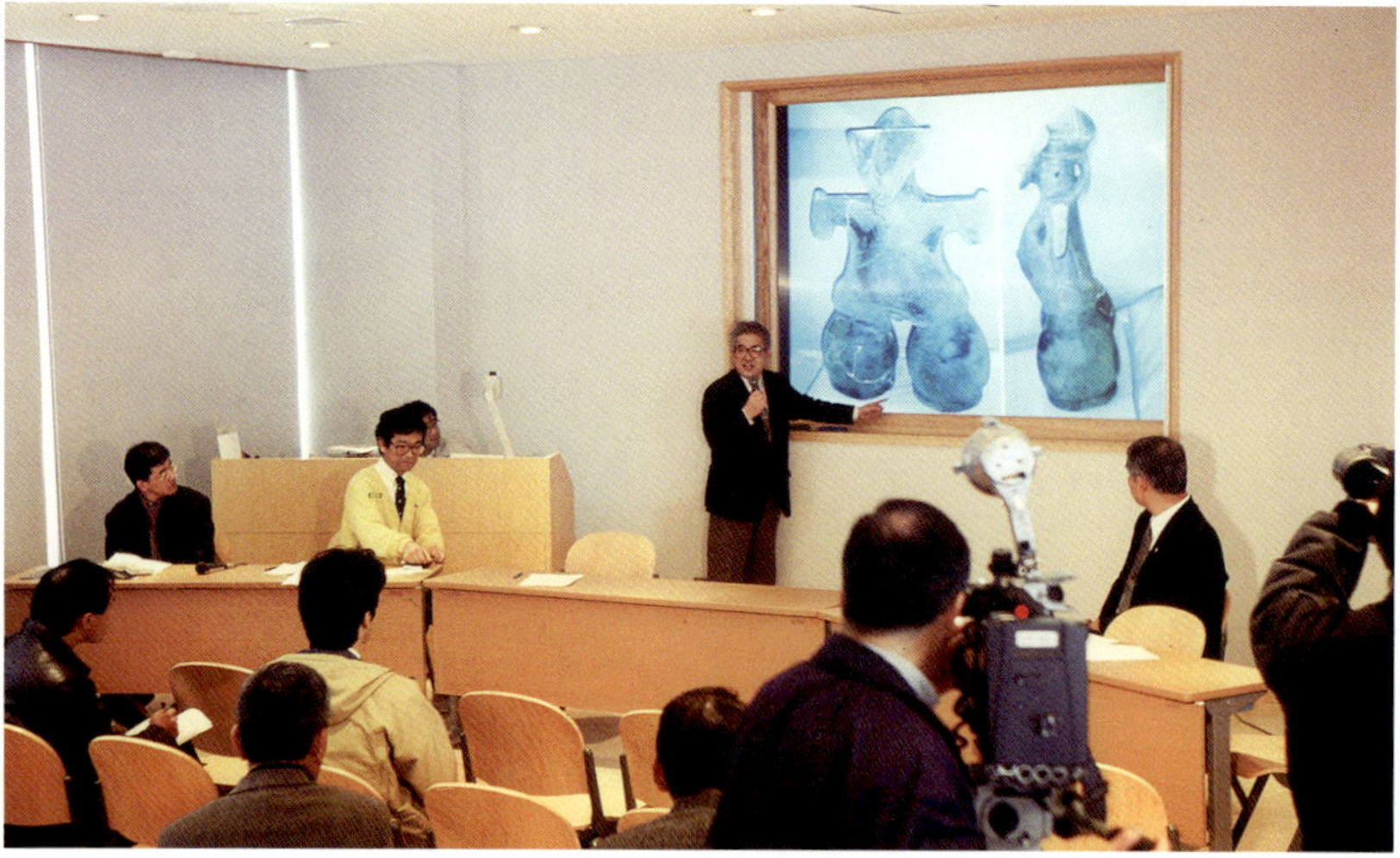

図10 ● 復元途中での仮面土偶の公開
接合状態と全体の様子を報道機関に公開し、復元の状況を中間報告した。

と後期文化、後期土偶のなかでの「仮面土偶」の位置づけ、「仮面土偶」の出土状態の詳細と、その状態から想定できる埋置と土坑との関係について議論した。

2　愛称「仮面の女神」の誕生

「仮面土偶」の愛称募集

棚畑遺跡出土の土偶は、出土時から「縄文のビーナス」の愛称で親しまれていた。これに対して、中ッ原遺跡出土の土偶は、出土時から「仮面土偶」の名称で呼ばれていたが、それは特定の種類を示す名称であることから、愛称をつけたらどうだろうかとの声が寄せられた。

そこで二〇〇一年四月一四日から八月末まで、愛称の一般公募がおこなわれた。全国から三一〇三件もの応募が寄せられ、市長および選考委員により審査がおこなわれた。選考にあたっては、学術的背景をイメージできること、「縄文のビーナス」との言葉の重複をさけること、固有名詞・特定の地名などのあるものは除くといった点が考慮され、最終的に「仮面の女神」に決定した。

ちなみに「仮面の女神」の愛称には一一人が応募していた。このほかに、採用はされなかったが「縄文の女神」「縄文仮面」「縄文のシャーマン」などの応募作もあった。この愛称募集はかなりの話題となった。また、「仮面の女神」の名称と土偶のイメージを大切にし、茅野市の縄文文化を発信する名称とするため、この名称を棚畑遺跡出土の国宝「土偶」（縄文のビーナス）と併せて登録商標として登録し、商品開発などの際の名称利用の便宜を図り、縄文関連商品として「仮面の女神」をかたどったクッキーや「仮面の女神」のキャラクターアクセサリーの商品名に活用されている。

そして二〇〇一年度特別展「よみがえる土偶展」を九月一五日から一〇月一四日までの約一カ月間開催した。特別展の目玉は、中ッ原遺跡と同類の辰野町新町泉水遺跡、韮崎市後田《うしろだ》遺跡から出土している「仮面土偶」（**図33参照**）を一緒に展示して、後期の土偶造形を紹介したことである。この特別展の期間中に一般公募の大形土偶の愛称「仮面の女神」が決定されお披露目された。この特別展期間中に六四二二人の入館者を数えた。

全国・海外での公開

さて、「仮面の女神」の全国への初のお披露目は、文化庁が主催する全国巡回展「発掘された日本列島二〇〇一」であった。前年度の日本各地の発掘成果を速報する展示会で、六月一二日から江戸東京博物館を皮切りに、栃木県小山市立博物館、愛知県田原市博物館、島根県立博物館、熊本県立装飾古墳館、大阪歴史博物館を実物またはレプリカが巡回し、全国で約八万五〇〇〇人の観覧者があった。

その後、全国各地の博物館などから特別展などへの貸し出し依頼が相次いだが、実物についてはその重要性を考え限定された箇所での公開にかぎり、レプリカでの対応が主体となった。

重要文化財・国宝に指定後は、東京国立博物館における国宝展などへの出展が主体となったが、冒頭で述べたように、二〇〇九年にイギリス大英博物館で開催された企画展THE POWER OF DOGUは、初の海外出展となった。土偶はいままで欧米で紹介されていた〝わび・さび〟などの日本美術とは異なるものとして注目され、ある意味ではクールジャパンのキャラクターなどと関連し話題となった。その影響か、フランスの芸術家で、歴史的事象や伝説、超常現象を題材に、古典的な技法と組み合わせた作品を特徴として、二〇〇八年にもっとも革新的なアーティストとして「マルセル・デュシャン賞」を受賞しているローラン・グラッソは、「縄文時代の司祭」と題して「仮面の女神」の仮面部と修道士の姿を融合した彫刻を制作している。

また、大英博物館での企画展を受け、二〇〇九年一二月には「国宝　土偶展」が東京国立博物館で開催された。「仮面の女神」は当時、まだ重要文化財でありながら図録の巻頭を飾り、カプセルトイ自動販売機でのレプリカが好評を博した。

図11 ● よみがえった「仮面の女神」
逆三角形の仮面をかぶった表現と、太い脚で立つ安定感、黒く焼かれた状態に畏怖の念を抱く。

3　国宝指定へ

長野県宝指定・重要文化財指定と発掘報告書の刊行

「仮面の女神」は発見当初から文化財指定の呼び声が高く、新聞報道などでは「国宝級」の見出しがつけられていた。しかし、指定には復元とともに、正式な調査報告にもとづいた評価が求められる。とくに「仮面の女神」の土偶としての評価と、土坑から出土した意義が問われた。そのため調査報告書の刊行は必須であったが、発掘調査は一九九九年から二〇〇一年まで三期、複数回にわたりおこなわれたことや、膨大な遺構や遺物の情報がえられたため、これを限られた時間内ですべて整理・分析して報告することはむずかしかった。そのため、まず、二〇〇一年九月に特別展「甦る土偶展」の図録として『仮面土偶　発掘の記録』を刊行し、土偶調査の成果の概要をまとめた。また、発掘調査報告書として『中ッ原遺跡―平成一一・一二・一三年度基盤整備事業（土地総）中村地区に伴う埋蔵文化財緊急発掘調査概要報告書―』を刊行した。これらの資料にもとづき文化財指定の調査がおこなわれた。

まず二〇〇四年一〇月二五日に開催された長野県文化財保護審議会で、縄文時代後期の土偶で、明確な遺構にともなう事例である点、完形土偶を壊して墓へ副葬する手順が明らかになったことが評価され、県宝指定の答申がされ、一一月に長野県宝に指定された。

そして二〇〇六年三月一七日に、国の文化財審議委員会で、土偶の出土状態や優れた造形などが評価され、重要文化財指定の答申を受け、六月九日に指定となった。

国宝指定

「仮面の女神」は出土時から学術的価値がきわめて高く、美術的に優れているとの評をえており、国宝の呼び声が高かった。そして、発見された二〇〇〇年から一四年たった二〇一四年三月一八日、国文化財審議会から国宝答申があり、八月二一日の官報告示をへて国宝に指定された。国宝としての正式名称は、国宝「土偶」（仮面の女神）、英語表記では、“National Treasure Dogu” (kamen no Megami)［Clay Figurine (the Masked Goddess)］である。

国宝の指定文化財の解説文では「本件は、中ッ原遺跡から出土した縄文時代後期の立像土偶である。本例は、縄文時代後期前半に盛行するハート形土偶の流れを引く土偶であるが、同時期の土偶に比べると格段に大型で、しかも内部が中空に作られている点、また顔面が仮面を装着したかのように表現されている点などの特色が指摘できる」とし、詳細解説で「縄文時代の土偶は、その全形が完存する箇体が非常に稀であることは周知の事実であるが、本例のように明確にそれが埋納された状態で発見される例は、さらに少ない」「また、明確な妊娠表現や丁寧に施文された文様

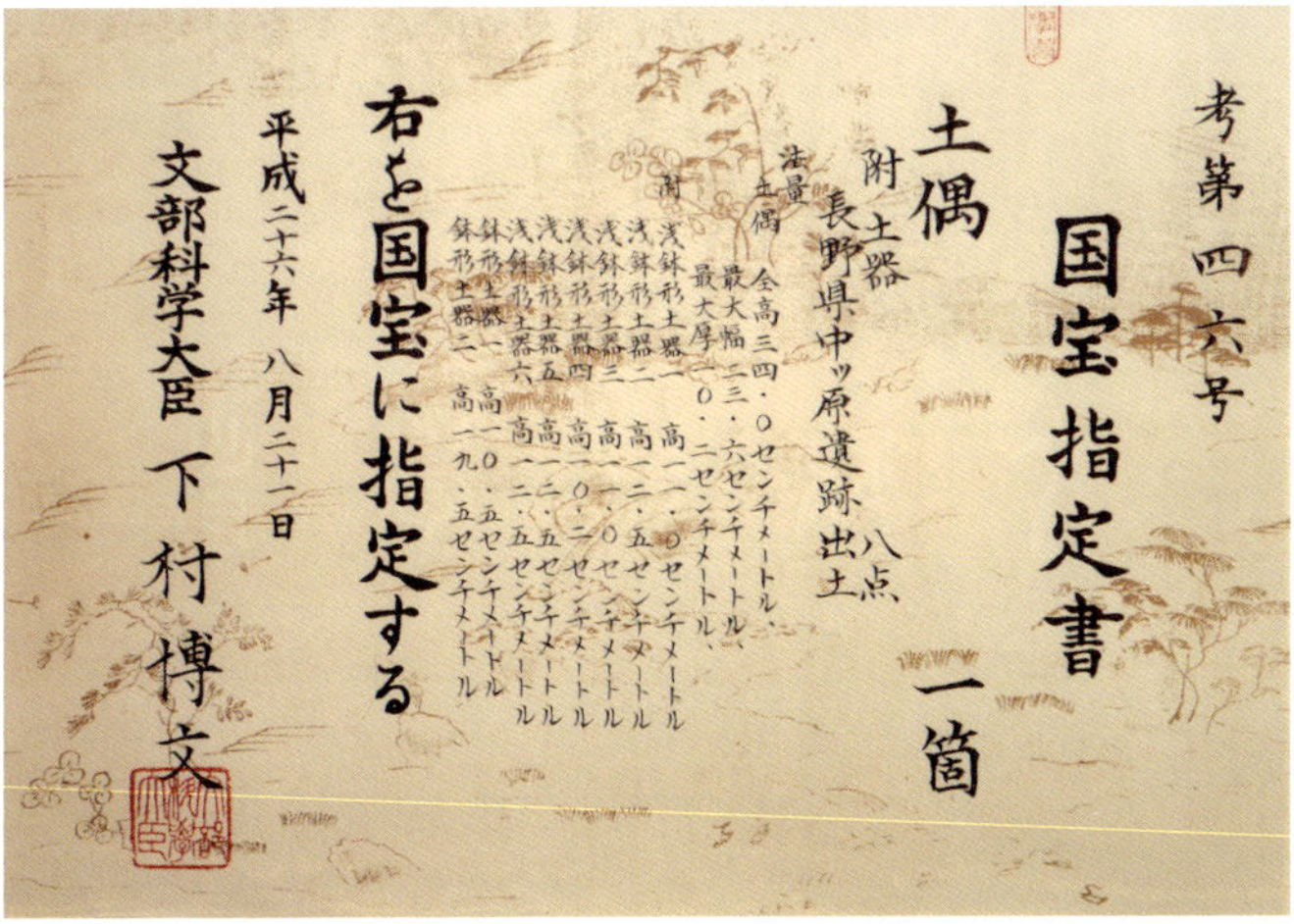

考第四六号
国宝指定書
土偶　一箇
附　土器　八点
長野県中ッ原遺跡出土
法量
土偶　全高三四・〇センチメートル、最大幅二三・六センチメートル、最大厚二〇・二センチメートル、
附
浅鉢形土器一　高一一・〇センチメートル
浅鉢形土器二　高一二・五センチメートル
浅鉢形土器三　高一一・〇センチメートル
浅鉢形土器四　高一〇・二センチメートル
浅鉢形土器五　高一二・五センチメートル
浅鉢形土器六　高一二・五センチメートル
鉢形土器一　高一〇・五センチメートル
鉢形土器二　高一九・五センチメートル
右を国宝に指定する
平成二十六年八月二十一日
文部科学大臣　下村博文

図12 ● **国宝指定書**
国宝指定の正式名称は「土偶」。そして浅鉢8点（図34参照）も含まれている。

の構成など、造形的にも優れた姿形をもち、その出土状態も明確にとらえることができる稀有な例である」と評価されたのである。

国宝指定を受けてのさまざまな取り組み

「仮面の女神」の国宝指定により、縄文時代の考古資料の国宝は全国で六点となり、その内の土偶二点が茅野市所有ということになった。

茅野市では二〇一〇年以降、縄文を世界に誇れる宝として育み、まちづくり・人づくりに活かす「縄文プロジェクト構想」が策定されていた。「仮面の女神」の国宝指定はこの取り組みの大きな推進力となった。茅野市内の小中学校では、縄文を活かした「人づくり」をめざして、総合的な学習「縄文科」も開始された。国宝指定は、地元の縄文に誇りをもち、茅野市には縄文というすばらしい宝があることに気づく機会となったのである。

図13●縄文プロジェクトの取り組みのひとつ「茅野市縄文かるた」
茅野市の「縄文」をキーワードに、市民委員を中心に「茅野市縄文かるた」を製作し、縄文を識ってもらっている。

第3章　中ッ原縄文ムラを探究する

1　中ッ原遺跡調査の歩み

小平小平治の考古学会への発表

中ッ原遺跡は、八ヶ岳西麓、茅野市の湖東地区山口集落の北側に隣接する台地にある。古くから村裏の耕地として畑作が営まれ、土器や石器の採集できる場所として知られていた。

考古学会にこの遺跡をはじめて紹介したのは、一八六七年（明治元）に湖東村の代々つづいた医家に生まれた小平小平治《こへいじ》である。東京高等師範学校に進学し、歴史教授の三宅米吉《よねきち》に師事した小平小平治は、一八九三年（明治二六）に夏季帰省時のレポートとして、『東京人類学会雑誌』九一号に「長野県下佐久郡古墳及諏訪郡石器時代遺物」を発表した。そのなかで「南大《みなみおお》塩《しお》ノ遺跡」である尖石遺跡などとともに、「湖東村山口ノ遺跡」として中ッ原遺跡をつぎのように紹介している。

「広見山ノ北西ノ方十数町ノ處ニアリ、土器ハ多カラズ、コノ畠ノ中ニ穴ヲ掘リテ之ヲ埋メタルコトアリシト云エバ、コノ人ヲ頼ミテ探ガセシガ遂ニ見当ラザリキ、石器ニハ磨製雷斧《ませいらいふ》二個、粗製《そせい》雷斧二個、石鏃《せきぞく》十数個ヲ得タリ、石槍《いしやり》石鏃ハ凡テ黒曜石ナリ、石鏃石斧《せきふ》ハ畠ニテ得、石槍石冠《せきかん》（二図）（飛驒国等ヨリ出ルモノモ同類ナルベシ）ハ村ノ人ヨリ貰ヒタリ、又コノ村ノ道祖神ノ傍ニテ石棒《せきぼう》数個ヲ見タリ（第三図及ビ第一図ノ二八）」

実際に現地に赴き遺跡内を踏査したが、雷斧（石斧のこと）や石鏃を十数個採集しただけでめぼしい遺物はなかったようで、地元民より石槍、石冠をもらい受けている。このときもらい受けた石冠は現在、東京国立博物館に収蔵されている。

また、小平小平治と同郷で、小平治の先輩であり、義弟にあたる地元教員の木川寅次郎も考古学に興味を抱き、明治初年より八ヶ岳西麓の遺物採集をおこなっていた。小平治が踏査した一八九三年以前に、湖東、北山、米沢、豊平、玉川の地で多数の遺物を蒐集し、これらを一八九三年に東京人類学会に寄贈している。内訳をみると、湖東山口中原からは土器二個、石

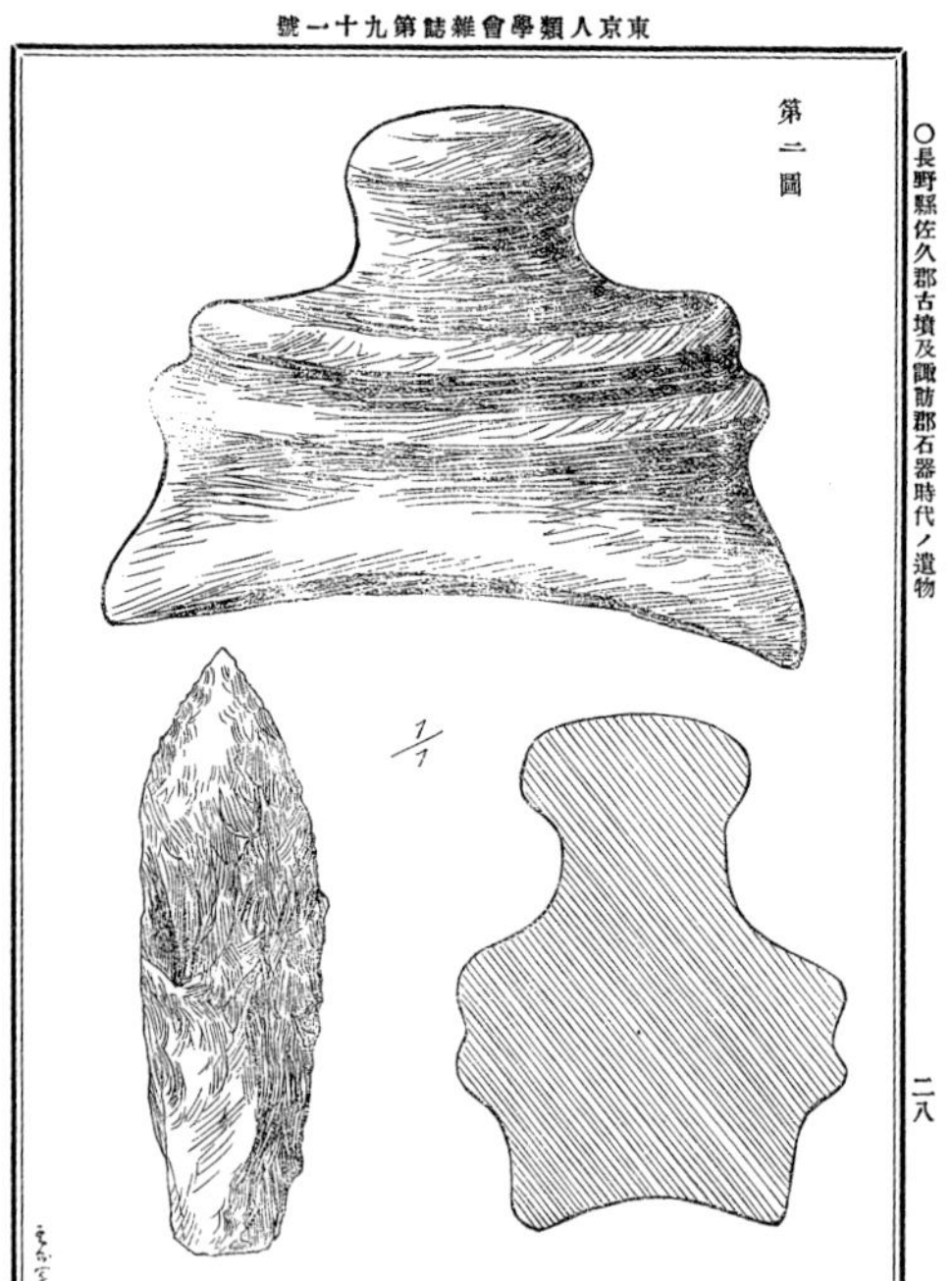

図14 ● 小平小平治が報告した石冠と石槍
「長野県下佐久郡古墳及諏訪郡石器時代遺物」（『東京人類学会雑誌』91号）に掲載した図。

斧二個、石器四個の寄贈が記録されている。他の遺跡からの蒐集品が「土器片」と記載されているのに対して、中ッ原のものは「土器」と記載されていることから、完形の土器を採集したようだ。豊富な遺物の採集地として地元では古くから知られていた遺跡であったことがわかる。

龍谷文庫と伏見宮博英の調査

ところが、最初に学会に報告した小平小平治は、一八九五年（明治二八）に二八歳で夭逝《ようせつ》してしまう。小平治の研究は、その後、弟であり俳諧宗匠の小平雪人《せつじん》（本名探一《たんいち》）が引き継ぐことになる。雪人は、兄小平治の蔵書と蒐集した考古遺物を保管する「龍谷《りゅうこく》文庫」を建て、自分自身も考古資料の充実に努めていった。「龍谷」は小平治の雅号である。

小平兄弟が蒐集した考古遺物は、当時、縄文時代の第一級コレクションとなっていく。龍谷文庫コレクションは、小説家江見《えみ》水蔭《すいいん》の『地中の秘密』（博文館、一九〇九年）に取り上げられたり、鳥居龍蔵が執筆し一九二四年（大正一三）に信濃教育会諏訪部会が刊行した諏訪地方史のバイブル的存在『諏訪史　第一巻』に基礎的な資料を提供した。

そして一九二九年（昭和四）、龍谷文庫コレクションは、東京日本橋の高島屋で開催された「原始文化展覧会」に長野県の代表遺物として出品され、これがきっかけとなって皇族伏見宮《ふしみのみや》博英《ひろひで》の諏訪地域への調査行が計画されることになる。この経緯について小平雪人は『郷土』四巻三四号で「会後に司会の某氏が私に向つていふには、あなたの発掘品は非常の評判である。ある高貴の御方が御覧になつて、信州遺跡の研究は頗る有益なものであらうと仰せになつた。

若しそういふ御思召があつたらばあなたは御案内をしてくれるかとの事に、私は研究の為ならば歓んで御引受する旨を答へて帰省したのであつた」と書き残している。

伏見宮博英の調査行は、同年七月一七日から二四日の八日間にわたり実施された。諏訪地域の主だった縄文時代遺跡の踏査と発掘調査をした。調査に同行した両角守一《もろずみしゅいち》と小平雪人が当時の様子をのちに雑誌に掲載している。そのなかには中ッ原遺跡での調査の記載もあり、当時の中ッ原遺跡の調査状況を示すとともに調査の雰囲気を伝える貴重なものである。

両角守一は上諏訪町生まれの銀行家で考古学に関心をもって研究し、考古学者藤森栄一の師となった人物で、調査翌年の一九三〇年（昭和五）に『史前学雑誌』二巻一号に「伏見宮博英王殿下に御伴して諏訪郡遺跡を尋ねる」と題しつぎのように記している。

「七月二十三日快晴、今日は第一に希望を懸けた湖東村山口の発掘である。（中略）こゝを見終りて愈々本日の目的地山口中原の伊東松蔵氏所有の畑に至る。これより先湖東青年等が四間四方の天幕を畑の中へ張り、総ての準備は整つて居た。（中略）土器の略ゝ全体が現はれた處を殿下にはマグネシュームを燃いて写真を御撮りなされた。此一個の発掘に約一時間半を費やした。土器は高さ七、八寸で四ヶ所に撮み把手を附した厚手式で、底部は欠損して無かつたのは特異である。土器の周囲には三、四寸大の小石が数個置かれてあり、土器は黒土層四尺余の最下部に位し、其の下半は赤粘土層中に埋没して居た、思うに此處は竪穴のあつた跡にて此の土器は故意に埋没されて居たものであらう。発掘物は前記土器の外に石皿の粗製破片、凹石、打製石斧及び厚手式の鷲の口嘴に似た大把手等予想期以上の収穫であつた」

このように個人所有の畑で、土器を埋設した石組炉を発掘し、竪穴住居であったろうと推測している。

小平雪人は、『信陽新聞』の記事を引用して、一九四二年（昭和一七）、『郷土』四巻三四号に「伏見宮博英王殿下御台臨の龍谷文庫」と題してつぎのように記している。

「伏見若宮殿下には予定の如く二十三日午前八時御出発、湖東村龍谷文庫に御成り、数百点の土器石器を御一覧、村社大星社御参拝、湖東小学校にて遺物御覧、十時山口の大遺跡中原の予定地伊東松蔵氏の持地に入らせられ同村軍人青年会手伝ひにて発掘し珍品続出、正方形十五坪の地底より大土器の二個、鳥面把手、石斧、石鏃、凹み石、皮剝等五百余点を採集せり、此発掘は宮様御指導のもとに組織的に行はれ、殿下には発掘状態を一々写真及び活動写真におさめられたり、学会近来の快事にして宮様にも予想以上の大収穫に御満足あそばされ、午後五時牡丹館へ御帰りあり」

一五坪ほど発掘し、土器や石器を五〇〇点以上も採集したという。この伏見宮の発掘は、記録・遺物こそ失われているものの、中ッ原遺跡の本格的な発掘として記念すべきことで、石囲いのある底部を欠く深鉢が埋設されていたことがわかるなど、中ッ原遺跡の最初の遺構調査記録として重要である。後日談になるが、一九九九年のほ場整備事業にともない遺跡の東側約半分を発掘調査したが、その際に調査担当者であった小池岳史は、遺跡の中央部を東西に通る農道脇で、二間×三間くらいの長方形の掘り返しかく乱した箇所を検出した。ちょうどテント大であり遺物が出土しないことから、伏見宮が調査した跡ではないかと推測している。

宮坂英弌の調査

八ヶ岳山麓の縄文遺跡の調査・研究を邁進していた宮坂英弌も中ッ原遺跡に注目し、機会があれば調査したいと考えていた。

一九三六年（昭和一一）、遺跡の中央部を南北方向に通る道が開削され、宮坂英弌は、その断面に竪穴住居址、柱穴址、炉址を発見し、中期から晩期の亀ヶ岡式土器を採集したと記している。翌年五月二二日には再調査をおこない、石皿と黒曜石の集積を発見している。

宮坂はその調査結果から、中ッ原遺跡を縄文時代晩期の遺跡と考えていたようだ。宮坂が採集した土器は現在所在不明なため再検証することはできないが、その後の調査で晩期の遺物が出土しないことなどを考えると、採集されていた晩期の石冠を意識して、後期の磨消縄文を晩期と誤認したものだった可能性も十分に考えられる。もし、中ッ原遺跡に晩期の痕跡があったならば、八ヶ岳西麓の遺跡の継続性や遺跡分布を考えるうえで重要な事象であるが。

戦後では、一九五四年ごろ、地元の湖東小学校に勤務していた田川幸生が、生徒とともに中ッ原遺跡を調査し、中期の顔面把手の優品をえている。現在この顔面把手は、尖石縄文考古館に収蔵されている。

農道開設による発掘調査

第1章でふれたように、本格的に中ッ原遺跡の発掘調査がおこなわれたのは一九七四年、遺跡の立地する台地中央部を東西に通る農道が建設されたときである。

調査当初から多くの遺構・遺物がみつかるであろうと予測されていた。調査は、尾根状台地の頂部を東西に走る形で、幅四メートルのトレンチを設定しておこなわれた。その結果、中期前半から中期後半の竪穴住居址を検出し、そのほか中期前半（狢沢《むじなさわ》式期）の独立土器、土坑もみつかり、遺構密度が高く、竪穴住居址が東西に群在する大規模な集落であることをあらためて確認することができた。

ほ場整備事業にともなう発掘調査

そして一九九二・一九九九年〜二〇〇一年のほ場整備事業により集落の全貌が把握できた。

これらの開発にともなう調査の結果、縄文時代の竪穴住居址は（**表1参照〔82頁〕**）、

〔前期初頭〕一棟
〔中期初頭〕九兵衛尾根《きゅうべえおね》Ⅰ・Ⅱ式期二棟
〔中期前半〕狢沢式期一〇棟、新道《あらみち》式期八棟、

図15 ● 1974年の農道開設時の発掘調査
地元山口区民が手伝い発掘調査がおこなわれた。遺跡周辺の畑はリンドウなど花卉栽培が盛んだった。

藤内《とうない》Ⅰ式期一七棟、藤内Ⅱ式期一〇棟、井戸尻《いどじり》Ⅰ・Ⅱ式期一〇棟、井戸尻Ⅲ式期四棟
〔中期後半〕曽利《そり》Ⅰ式期一五棟、曽利Ⅱ式期二九棟、曽利Ⅲ式期二〇棟、曽利Ⅳ式期八棟、曽利Ⅴ式期七棟
〔後期初頭〕称名寺《しょうみょうじ》式期四棟
〔後期前半〕堀之内1式期五棟、堀之内2式期九棟、加曽利《かそり》B1式期一棟

と多数確認された。前期初頭から中期前半藤内式期までは尾根状台地に点在していたものが、中期前半井戸尻Ⅰ・Ⅱ式期以降になると西側に土坑群をかこむようにまとまり、環状集落の形が整ってくることがわかってきたのである。

図16 ● 遺跡中央部の航空写真（上が北）
第70号土坑を中心とした密集する土坑群をかこむように住居群が展開する環状集落である。

以上のように、明治時代中ごろから中ッ原遺跡は、尖石遺跡と並んで著名な縄文時代の遺物採集地として、地元の湖東村はもとより、諏訪郡内の考古学研究者が注目する場所であったことがわかる。しかし、尖石遺跡と異なり、計画的な発掘調査もなかったことから、遺跡自体の全容がわかるまでに時間がかかり、一九九二年以降のほ場整備事業にともなう発掘調査を待たなければならなかった。

2　縄文文化繁栄の地

東西にのびる八ヶ岳の尾根状台地

八ヶ岳の西から南に広がる山麓は、縄文時代中期に「縄文王国」と冠されるほどに繁栄した土地であることをご存じの方も多いだろう。

南北に連なる八ヶ岳連峰は、ほぼ中央に位置する夏沢峠を境に火山活動の岩質により南と北と大きく分けられる。南八ヶ岳火山群は輝石安山岩などが吹き出し積もってできた火山で、鋭い峰々がそびえる急峻な地形であるのに対して、北八ヶ岳火山群は玄武岩《げんぶがん》・角閃石《かくせんせき》安山岩・デイサイトなどの降り積もった火山で、比較的なだらかな峰が多く、樹林帯が山稜近くまで続き湖沼も点在する。

そのなかで八ヶ岳西麓の特徴的な地形は、八ヶ岳火山列のつくり出した東側から西側に流れる火山灰・火山砂・火山礫などの火山噴出物を基盤とする広大な山麓台地にある（図17）。この台地には、雨水や河川の浸食により段丘状の地形が形づくられ、尾根状台地が発達している。

火砕流や泥流堆積物、御嶽《おんたけ》火山起源の火山灰が堆積する東西に長細い尾根状台地で、台地間には深い谷が形成されている。これに対して、柳《やなぎ》川《がわ》を境に南麓側では、広原《ひろはら》・俎原《まないたはら》と呼ばれるように割合平らで幅広の尾根が発達し、谷部との比高が緩やかな傾向を示しており、八ヶ岳山麓でも西麓と南麓では尾根状台地の様相が一様でないことがわかる。

中ッ原遺跡の立地する台地

八ヶ岳火山の火砕流は一気に流れ下ったものではなく、火山列の複雑な活動により複数回にわたり形成さ

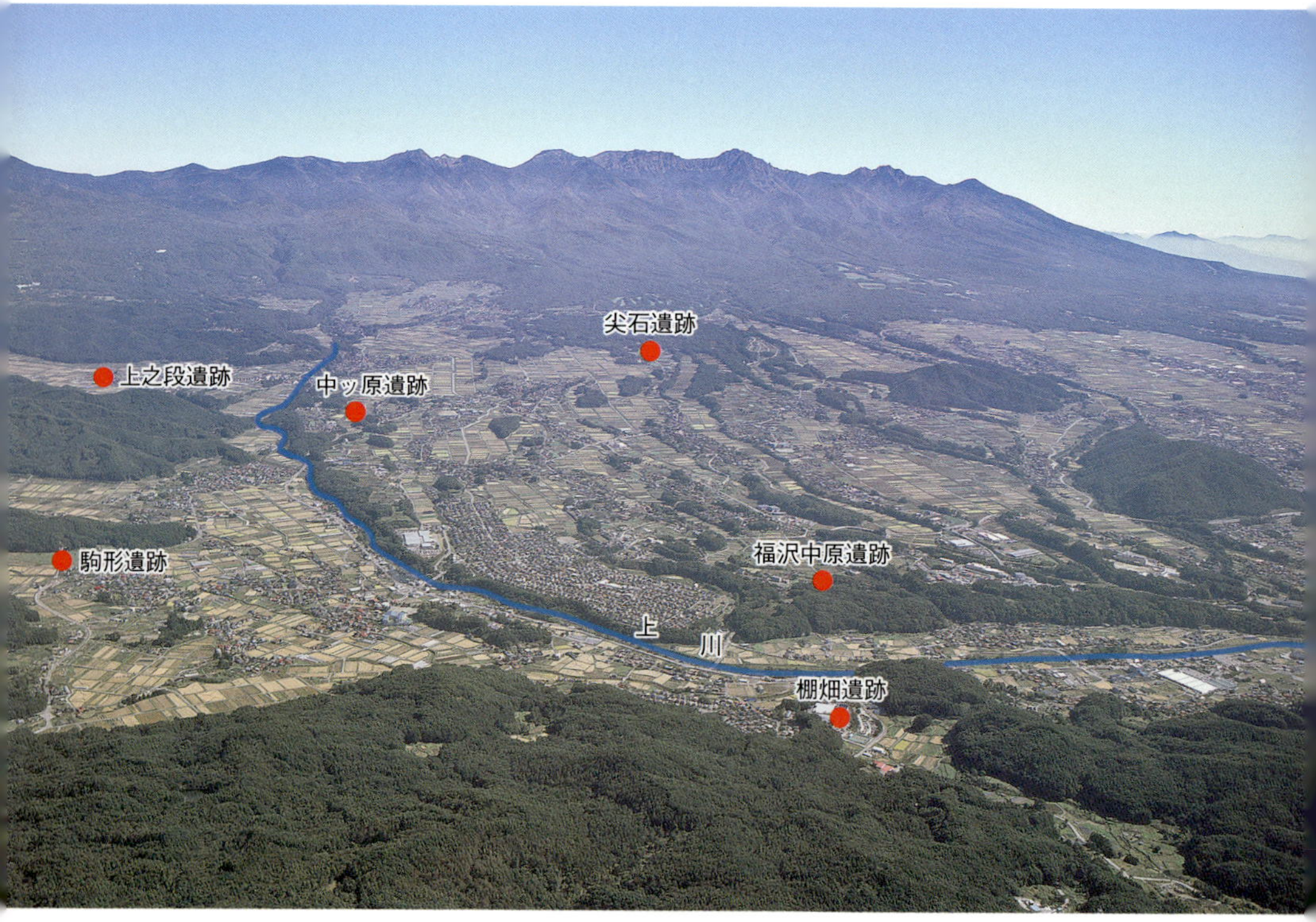

図 17 ● 霧ヶ峰南麓側から八ヶ岳とその西麓を望む
上川を境に、八ヶ岳火砕流により形成された東西方向（写真奥から手前）にのびる長峰状台地が発達している。

れたものである。山麓部は必縦谷《ひつじゅうこく》が東西方向に放射状に刻まれ、長峰状の尾根状台地とそのあいだを八ヶ岳の伏流水を起源とする小河川が流れる。南北方向はこの小河川の浸食による必縦谷が尾根状台地間に発達し、この谷により台地が区切られ、高台が一つのまとまりとして視覚的に確認することができる。

　中ッ原遺跡の立地する台地も、北八ヶ岳の活発な火山活動により形成された幅広い火山台地であったと考えられ、この台地上を北八ヶ岳の天狗岳唐沢《からさわ》を水源とする角名川《かくみょうがわ》のたび重なる氾濫が襲い、浸食や堆積がくり返された結果、残丘状の現在の尾根状台地が形づくられたものと考えられる（**図19**）。

図18 ● 八ヶ岳西麓から霧ヶ峰南麓側を望む
手前から八ヶ岳西麓の台地が西（奥）にのび、棚畑遺跡、駒形遺跡のある霧ヶ峰南麓で地形が変わっている。山並みのむこうには遠く北アルプスがみえる。

この氾濫が示すように、地元では角名川の氾濫が中ッ原上部まで押し寄せてきたとの口伝や、一九七四年の農道開設の調査時には、調査区のもっとも東端のトレンチの褐色土から黒色土下層に砂礫の混在が確認され、また一九九二年のほ場整備事業にともなう発掘調査の際にも、調査区南側斜面部より砂礫の堆積が確認されている。これらの状況から、中ッ原遺跡東側上部に展開する尾根状地形が不明瞭な範囲は、現状では安定しているようにみえていても、ひとたび角名川が氾濫すると砂礫により覆われるような不安定な地域であったと考えられ、実際、縄文時代の集落は認められてはいない。

中ッ原遺跡の立地する台地は、南北幅が狭くてもっとも広い部分でも約九〇メートルの馬背状の痩せ尾根の部類に属している。標高は遺跡の東端で約九七〇メートル、西端で約九五五メートルで、台地は緩やかに西側先端に傾斜している。

水環境は、南北両側に必縦谷があり湧水がある。地元民の談によると、南側の谷内に大きな湧水地があったとのことで、現在でも付近には弁天様が祀られている。なお、台地上と谷底との比高は現状で約七メートルである。

上川を隔て霧ヶ峰南麓と対峙する台地

一方、中ッ原遺跡のある台地の西端には、蓼科《たてしな》山麓・白樺湖を水源とする一級河川上川《かみがわ》が流れている（**図19**）。茅野市域でもっとも長い河川で、ちょうど八ヶ岳西麓の裾脇を東から西に流れ、右岸側は霧ヶ峰南麓の山裾と接する大きな地形の境界となっている。視覚的にも、八ヶ岳火山の火砕流などにより形成された台地裾部が、上川の浸食作用により切立った崖状となり、上川を境に大きく地形が分断されたような眺望と感覚を受ける（図17）。

霧ヶ峰南麓から八ヶ岳西麓にいたるためには、上川を渡り、この浸食崖を登らなければならない。地形の大きな壁である。上川を隔てた霧ヶ峰南麓と八ヶ岳西麓の対峙する関係は、遺跡群のまとまりにも意識され、現在、われわれも遺跡群を分別する際に、上川に隔てられた霧ヶ峰南麓と八ヶ岳西麓の地形的な関係を意識している。

しかし、このように一見、上川が形づくる浸食崖状地形により地形が分断されている感があるものの、部分的ながら、八ヶ岳西麓を流下する小河川と

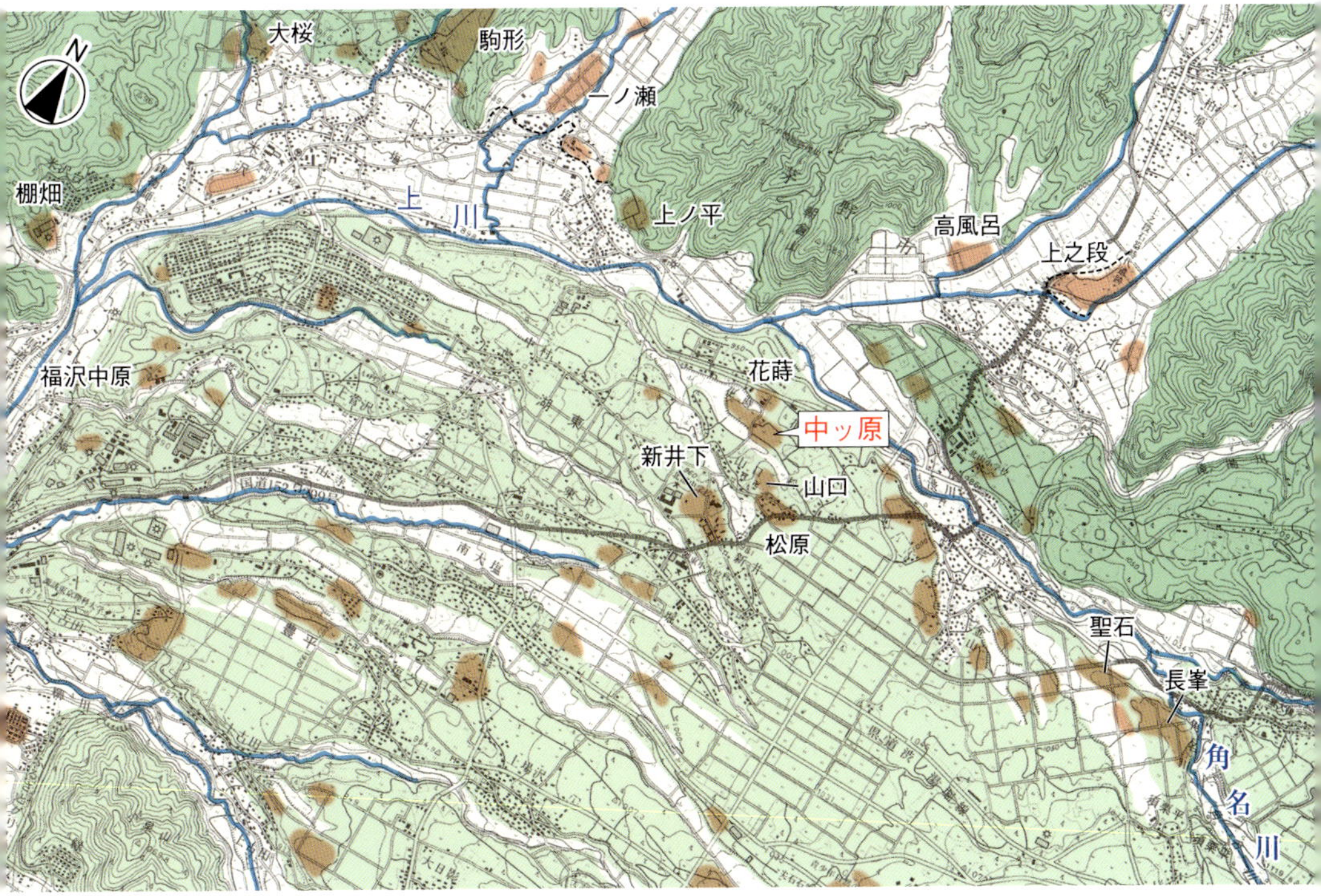

図19 ● 上川と八ヶ岳西麓の遺跡
八ヶ岳西麓特有の東西方向に細長い長峰状台地が発達するが（薄い緑色部分、白い箇所は谷部）、上川を境に地形環境は激変する。

上川が接する箇所は入り組み谷状となり、この部分が山麓部へつながる重要な箇所となっているのである。

石がある地形と石のない地形

八ヶ岳西麓と霧ヶ峰南麓は地質のうえでも異なっている。霧ヶ峰南麓にある遺跡は、扇状地、崖錐地形に立地するために、砂礫が混在する場合が多い。これに対し八ヶ岳西麓の遺跡は、基盤層には火砕流などの礫を含むが、上部層は降下火山灰起源のローム層が堆積する、石がない尾根状台地に立地している。

そのため台地上の集落内で石を利用する際には、周辺河川の河原から石を運び上げなければならない。この石の有無は、敷石住居や配石を構築していた後期の人びとにとって、何らかの影響をもっていたものと考えられる。

中ッ原遺跡の占地する台地も、地表に石が自然に散在しておらず、炉石や配石などに用いている石材は、隣接する上川の河原石や霧ヶ峰南麓から搬入した鉄平石もあり、周堤礫《しゅうていれき》を有する住居の構築などにはかなりの労力が必要であったものと推察できる。

遺跡の立地する部分は火山泥流末端がバチ状に広がり、その先端は上川にむかってのび、ちょうど上川に流れ下る小河川の入り組み谷を遡上すると、この台地に至る位置関係にあり、上川と卑近な距離に集落がつくられていたことになる。

上川沿いの縄文時代の大規模集落

このような地形を形成する箇所には、中ッ原遺跡のほかにも、新《あら》井下《いした》遺跡、福沢中原《ふくざわなかっぱら》遺跡や長峯《ながみね》遺跡・聖石《ひじりいし》遺跡などの縄文時代中期から後期前半の長期継続の拠点的な大集落が展開している（**図19参照**）。これらの遺跡は、すべてが上川沿いから入り組み谷を入った部分で、遺跡占地の要件に上川は重要な要素であったことを示している。上川沿いが縄文時代のモノの流通経路であるとすると、中ッ原遺跡や長峯遺跡・聖石遺跡、福沢中原遺跡、新井下遺跡などは、流通経路の要に占地している遺跡で、八ヶ岳西麓への中継地として

図20 ● 八ヶ岳西麓と東信地域・利根川上流域の位置関係
本州の中央に位置する諏訪地域は、峠を越え河川をたどり、モノが流通している場所であることがわかる。

重要な要となった遺跡だと考えられる。

長峯遺跡の調査を担当した寺内隆夫は、関東地方東部を中心に分布する阿玉台《あたまだい》式土器が出土することに注目し、その施文のあり方、とくに大波状・扇状把手などに着目し、これらの阿玉台式土器は上田・佐久などの東信地域、さらに利根川上流域の群馬県内に多く出土することから、利根川上流域から東信地域を経由し、長峯遺跡へもたらされたと想定した（図20）。

中ッ原遺跡からも阿玉台式土器が出土していることを考えると、長峯遺跡と同様に、上川が流通の大切な経路であったことが想定できる。

また、土器のほかにも、中ッ原遺跡からはコハク製・ヒスイ製の垂飾、長さ一五センチを超える黒曜石原石が出土している（第七六号住居址）。なかでも黒曜石は遺跡全体で総重量四三・七キロも出土しており、八ヶ岳西麓の遺跡では有数である。上川をへだてて対峙する霧ヶ峰南麓に位置する上ノ平遺跡の黒曜石総重量七・八七六キロよりも大量であり、また黒曜石の流通がムラの繁栄の背景にあったのではとされる棚畑遺跡の一一〇・一七キロと比較しても格段に低い数量ではない。中ッ原遺跡が上川を経路とした流通の拠点であったと考える一つの根拠となっている。中ッ原遺跡は、星ヶ塔《ほしがとう》や星糞峠《ほしくそとうげ》といった〝黒曜石の山〟の南麓に展開する駒形遺跡・棚畑遺跡などと指呼の距離にあり、〝黒曜石の山〟から駒形の〝黒曜石石器づくりの里〟をへて、八ヶ岳南麓へ広がっていく重要な位置を占めていたと想像することができるのである（図17・18参照）。

3　中ッ原縄文ムラの盛衰

中ッ原ムラの分布

中ッ原遺跡は前節で述べたように、南北側を谷にはさまれた長峰状の、割合細長い尾根状台地に立地する。この制約された地形内に集落がつくられたために、遺構は台地の東西方向に広がり、帯状の範囲に展開する（図21）。

遺跡の立地する尾根状台地を詳細に観察すると、部分的に南北の必縦谷から小規模な入り組み谷が入り込んでいることがわかる。この小規模な谷により、一様にみえる尾根状台地に分布する遺構群は分断され、バチ状に広がった台地先端部の範囲（西側台地先端グループ）と、台地のもっとも幅のある台地中央の範囲（東側台地中央グループ）に分布域を大きく分けることができる。なお、後期前半の住居の一部が台地の南斜面に展開している。同じく後期前半のムラである聖石遺跡でも南斜面に住居が密集する事例が確認されており、時期により住居の占地に差異があったものと考えられる。

ムラのはじまり：縄文時代前期初頭

前期初頭に突如、中ッ原遺跡に竪穴住居が一棟あらわれる。複数軒の竪穴住居から成り立つムラの様相は呈しておらず、単発的に竪穴住居がつくられたものと考えられる。

このように単発的に前期初頭の竪穴住居がつくられる事例は、八ヶ岳西麓では与《よ》助《すけ》尾根《おね》南《みなみ》遺跡、中ッ原A遺跡、中原遺跡にも認められ、この時期を八ヶ岳西麓部への縄文人の進出期ととらえることができる。たとえば狩猟・採集にともなう小規模で短期的な場として、縄文人が山麓部に進出してきた証と考えられ、中ッ原遺跡もそうしたもののひとつといえよう。

中ッ原遺跡と上川をはさんで対峙する霧ヶ峰南麓には駒形《こまがた》遺跡や高風呂《たかぶろ》遺跡のように複数軒からなる前期初頭のムラが継続してつくられるのとは対照的なあり方である。

環状集落の形成：縄文時代中期

中ッ原遺跡に生活の痕跡が色濃く残されてくるのは、中期からである。中期に帰属する竪穴住居は一六五軒を数え、検出された竪穴住居の約七〇パーセントを占める。中期初頭から中期末曽利Ⅴ式期までの竪穴住居が検出され、量的な差はあるが、ほぼ中期全時期にわたって継続した集落ととらえることができる。

第Ⅰ次から第Ⅳ次調査の成果について、住居・土坑などを含めて詳細に分析していないため、集落の変遷を具体的述べることはできないが、概観的にとらえるとつぎのようになる。

集落の萌芽は、中期初頭の住居が台地中央部を境に東側と西側に散見することにはじまる。本格的に集落をなすのは中期前半の狢沢式期からで、台地頂部を取りかこむように住居が配される。新道式期もこれを踏襲しながら、さらに東側・西側に別の住居グループが展開する。この状況が藤内式期以降にも継続し、台地上に連環状に連なる集落を想定できる。

大きな画期は、中期後半の曽利Ⅰ式期以降である。東西に連環状に展開した集落が、東側を中心に集約され、大きな環状集落（中央東集落）となり、中期末まで連綿と集落が営まれ、この中央東集落とやや重複する形で、規模のやや小さな中央西集落がつくられる（**図21**）。また、曽利Ⅲ式期には、新たな展開とし台地西側先端部に住居がつくられ、その後も存続し、後期初頭では小さな環状集落へと発展する。

敷石住居・鉢被せのある土坑の形成：縄文時代後期

後期には、前半の称名寺式期から加曽利Ｂ１式期までの住居が検出されており、後期になっても中期の集落と占地に大きな変化はなく、台地中央部と台地西側先端部に称名寺式期から堀之内２式期まで住居がつくられる（**図21**）。

堀之内２式期から加曽利Ｂ１式期にかけて、新たな展開として敷石住居・周堤礫構造をもつ住居が台地南側斜面部を中心に構築される。ちょうど

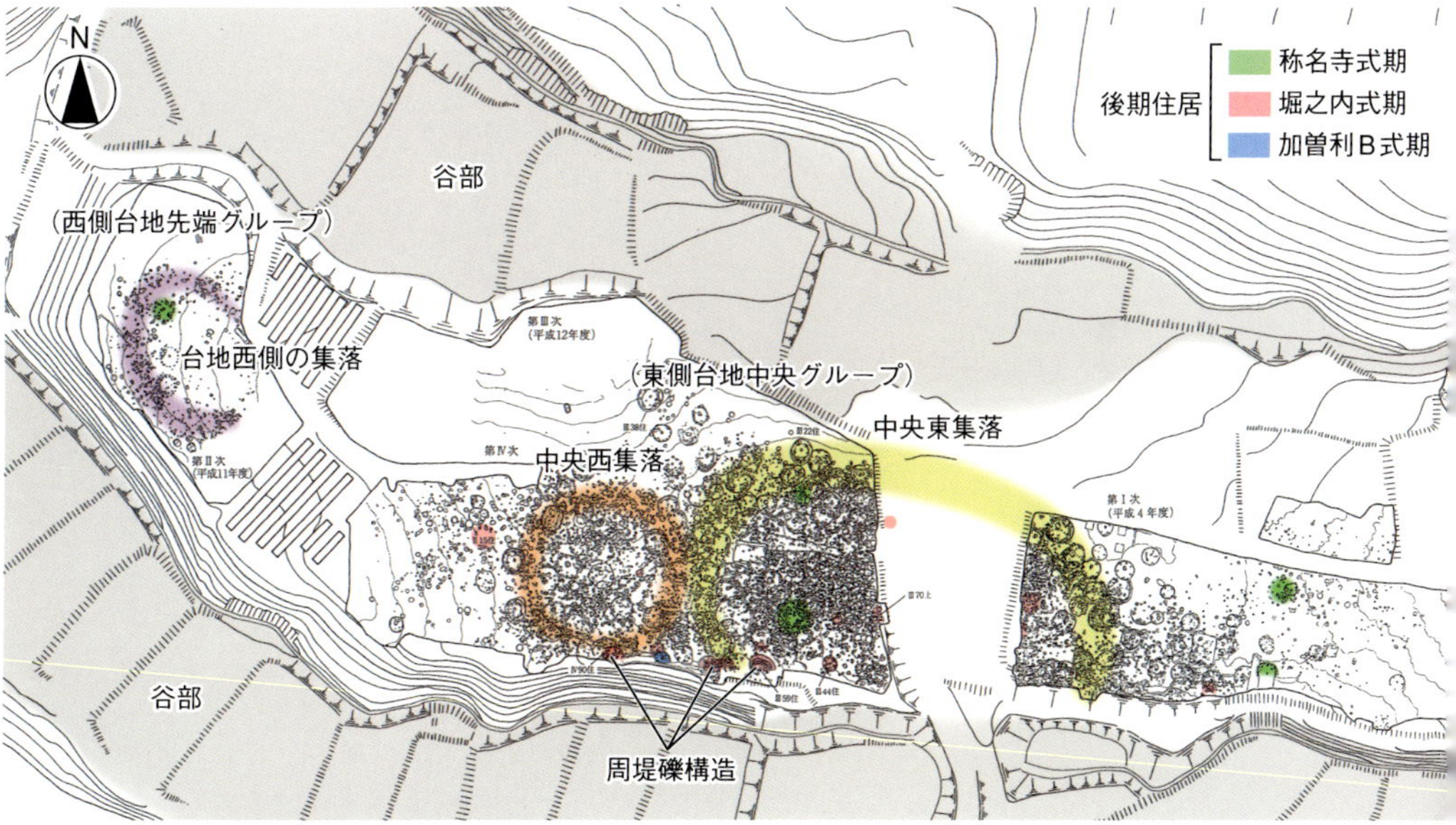

図21 ● 中ッ原遺跡の全体と後期遺構
長細い尾根状台地に連環状に集落が展開し、
後期もこの傾向を踏襲する。

これらの住居がつくられる場所は、台地南縁辺の斜面部でもっともゆるみ、入り組み谷状の起伏のある箇所で、南側の谷部から台地上にむかう際の経路が想定できる場所にあたる。このような箇所に敷石住居・周堤礫構造をもつ住居が偏在してつくられる事例は、聖石遺跡などにもみることができる。

周堤礫構造をもつ住居は、石を運び上げ積む労力を考えると労働力の集約化が不可欠である。これをつくり上げることは集落にとって大きな取り組みであったと考えられ、この場は中ッ原ムラの重要な場であったと考えることができる。

集落が終末をむかえるのは加曽利B1式期である。環状集落の形が崩壊するものの、堀之内2式期までは、長楕円形をした鉢被せのある土坑やヒスイ製垂飾をもつ土坑、「仮面の女神」が埋置された土坑がムラのほぼ中央部につくられ、これをかこむように方形柱穴列、住居が配されるさまは、中期の集落のゾーンニングを意識していたものと考えられ、後期においても環状集落の中央部が重要な空間として意識されていたことを示している。

鉢被せのある土坑

後期集落の大きな特徴に、鉢被せのある土坑がある。鉢被せのある土坑は、後期の中部高地に多く認められるもので、中ッ原遺跡でも堀之内2式期のものが一〇カ所検出され、茅野市内ではもっとも多い。

中ッ原遺跡では鉢被せのある土坑は、大きく三つのグループに分かれ、それぞれのゾーンを占有し構築されている（図22）。「仮面の女神」が出土した集落の中央部には、「仮面の女神」が副葬された土坑を中心に重複・並ぶ二基の土坑があり、この群から南西に約一〇メートル離れて三基の鉢被せのある土坑が並んでいる。この二つの鉢被せのある土坑群は、もっとも規模が大きな中央東集落の土坑群に取り込まれて構築される。

中央西集落にも三基の鉢被せのある土坑が並んでいるが、そのなかの第八一四号土坑だけは、鉢の数や重複関係から考えると、同じ場所で三回にわたりつくり替えられていたことがわかり、ほかとはやや異なったあり方を示している。

また、第八二七号土坑、第八一四号旧土坑には、胴部が丸みを帯び、口縁部が朝顔形に開く鉢が用いられているのに対

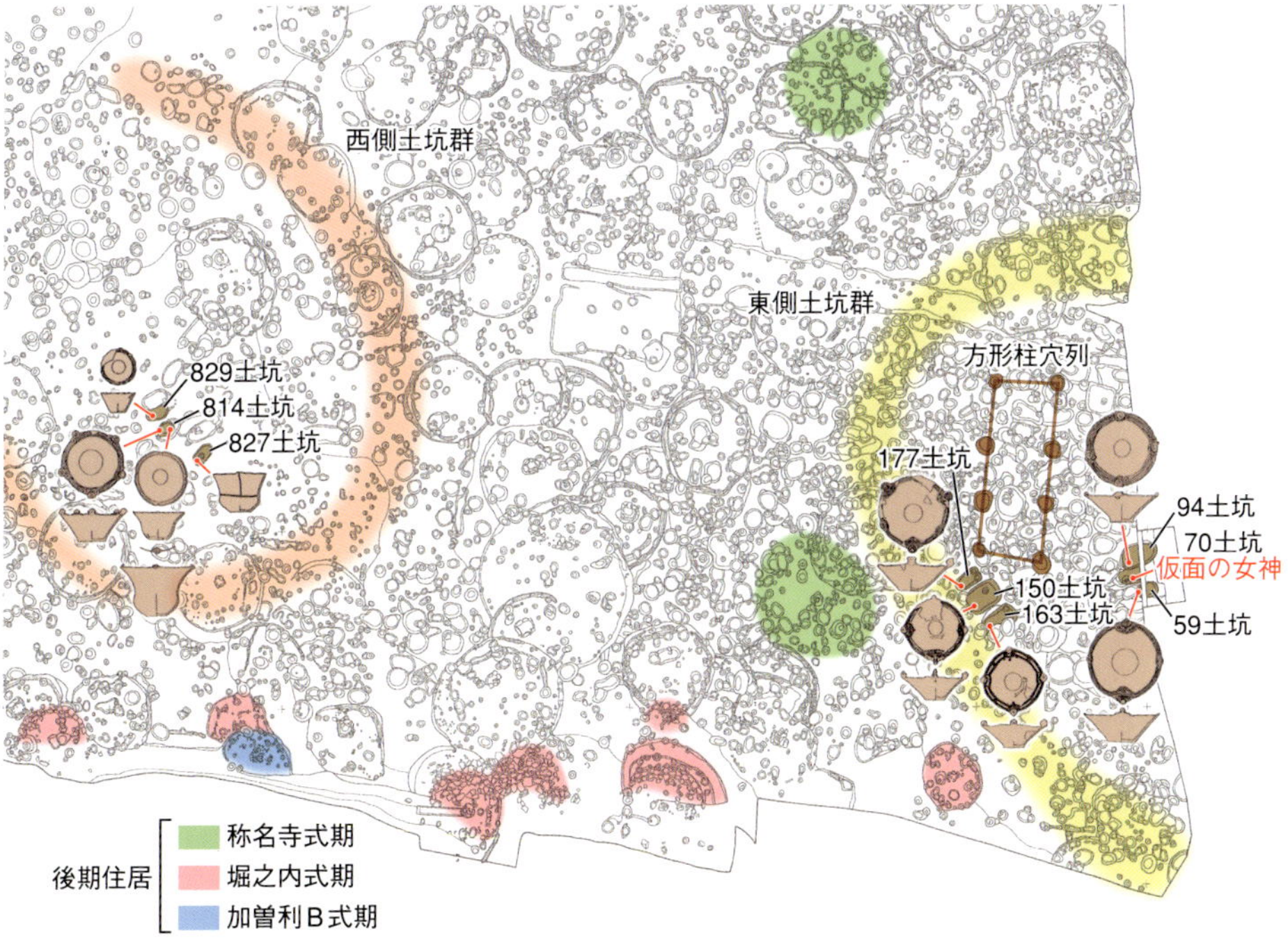

図22 ● 後期住居と鉢被せのある土坑
台地南斜面側に後期住居が群在する。鉢被せのある土坑は3グループのまとまりがある。

し、ほかの土坑では、体部が直線的に開く浅鉢が用いられていることにも差を読み取ることができる。第八一四号土坑の重複関係から考えると、鉢型のものから浅鉢型へといった変遷をとらえることができ、堀之内2式期内に小期を設定できる。「仮面土偶」の系譜と地域間交流、地域圏のあり方とその崩壊を中ッ原遺跡の「仮面の女神」から考えた三上徹也も、鉢型・浅鉢型土器の型式学的な分類や遺構の重複関係にもとづき、四期にわたる変遷を提示している。

鉢被せのある土坑の特徴と被葬者

鉢被せのある土坑は長楕円形で、土坑内での鉢被せの位置は、土坑の長軸方向に沿った土坑壁側から検出されることがほとんどである（図23）。このような厚葬がうかがえる土坑が長軸方向をそろえ、一定のゾーンを占有し構築され、頭部が西側となるように一定の規範のもとに鉢被せ葬がおこなわれている点や、第五九号土坑、第九四号土坑、第一六三号

図23 ● 3基隣接する鉢被せのある土坑
左から177・150・163号土坑。西側隅（写真手前）に浅鉢を伏せた、平面が長楕円形の土坑が並んでいた。

土坑の鉢被せ用の浅鉢内埋土から一ミリ以下の赤色塗料粉（頭部周辺から検出されているので赤色塗彩の髪飾りの残留とも考えられる）がえられていることなどを積極的に評価し、なおかつ鉢被せの事例が希少であることも考え合わせると、鉢被せ葬は優位性をもった者の墓としてとらえることができる。そして、中ッ原遺跡の場合、大きく三つのゾーンに鉢被せの土坑が分布することを考えると、三つの集団の存在とそれぞれを束ねた三グループの優位者の存在を想定できる。

なお、「仮面の女神」が埋置された土坑は、鉢被せこそないが、希少性や後で述べるように複雑な所作をへた埋葬であることを考えると、鉢被せのある土坑よりも上位に位置づけられる葬制がおこなわれたと考えることができる。また、鉢被せ土坑のゾーン内でもっとも中央範囲を占地することを考えると、「仮面の女神」埋置の土坑は最上位に位置づけられる。

中ッ原遺跡を取りまく縄文ムラ

中ッ原遺跡の南側は大きな必縦谷によりへだてられ、台地が東西方向にのびながら並ぶことはすでにみてきた。この並び接する台地上には山口集落、新井集落が位置し、これらの台地に中ッ原遺跡と並列するように縄文時代の遺跡が分布している（図19参照）。

隣接する遺跡はその位置関係から考えても中ッ原ムラの隣りムラとして、互いに補完性をもち共存していたものと考えられる。

山口遺跡・松原遺跡は、中ッ原遺跡の立地する台地の南側に隣接する遺跡である。発掘調査はおこなわれていないが、耕作などの際に中期前半の土器片や石器などが採集されている。遺物が散布する範囲は狭く、遺物量も多くないことから両者とも小規模な遺跡であり、谷はへだてるものの、中ッ原遺跡に付随する集落である可能性が高い。

新井下遺跡は、山口集落が立地する台地と大きな必縦谷をへだてて、中ッ原遺跡とほぼ同じ標高九八〇メートルの台地に位置する前期初頭、中期初頭、中期後半から後期前半まで継続する拠点的な集落である。中ッ原遺跡から新井下遺跡を望むことができ、ちょうど隣ムラのような位置関係にある。

開発行為にともない複数回にわたる発掘調査がおこなわれ、その結果、中ッ原遺跡にも劣らない大規模な集落遺跡であることがわかっている。現在まで竪穴住居址が、

前期初頭一軒、中期初頭一軒、中期前半の井戸尻Ⅰ式期一軒、中期後半の曽利Ⅱ式期六軒、曽利Ⅲ式期一八軒、曽利Ⅳ式期三軒、中期後半（時期不明）一一軒、後期初頭称名寺式期三件、後期前半の堀之内1式期三軒、後期前半（時期不明）二軒、中期後半曽利Ⅲ〜Ⅳ式期の方形柱穴列一棟、中期末から後期前半の円形柱穴列（住居址か）三棟、土坑一四二が検出されている（**表1参照**）が、中期前半の遺構がほとんど確認されていない点が中ッ原遺跡とは異なっている。

新井下遺跡は検出された遺構の内容から中期後半から後期前半にかけて拠点となる集落であることがわかり、中ッ原遺跡と併存する湖東地区の中核的集落であったといえる。

一方、中ッ原遺跡の北側の谷は幅も狭く浸食も進んでおらず、尾根状台地の先端部で分岐したような地形的環境にあり、大きく必縦谷に隔てられた南側の台地と異なった様相である。

花蒔遺跡は、中ッ原遺跡の北側台地に位置している。黒曜石剝片が採集されているが、遺跡の詳細については不明である。『茅野市史』上巻によると、付近は南原と呼ばれ、小平小平治や『諏訪史　第一巻』が紹介した石冠が発見された場所とされている。また、宮坂英弌は南原で敷石遺構を検出したが、全面的な調査にまでいたっていないとの記録が残る。石冠の出土と敷石遺構が本遺跡から発見されたものと考えると、中ッ原遺跡の隣接地に後期の遺跡が存在することになり、後期の遺跡の相互関係を考えるうえで重要な遺跡である。

周辺の遺跡と中ッ原遺跡との関連

以上、中ッ原遺跡周辺の遺跡を拾い上げてきたが、この周辺で基本的に中核的な集落は中ッ原遺跡と新井下遺跡であることは、遺跡の存続性、検出住居数からわかる。

発掘調査歴がないために詳細なことは不明であるが、遺物の散布状況などから、山口遺跡や松原遺跡は中ッ原遺跡や新井下遺跡のような中核的集落に付随する遺跡であろうが、中期の遺物しか認められない点から、爆発的に遺跡数が増加し中期の拡散した集落である可能性が高く、後期には中核的集落へ集約されたものであろう。それに対し花蒔遺跡では敷石遺構の確認や石冠の採集がされており、後期の遺跡とすると、中ッ原遺跡周辺に並列する後期の集落として、その相互関係に興味深いものがある。

第4章 「仮面の女神」を探究する

1 どのようにつくったのか

仮面をかぶった表現

「仮面の女神」の大きな特徴は、その顔面に表現されている逆三角形の仮面を彷彿させる造形にある（図24）。

二辺が一〇・一センチ、残りの一辺が一〇・三センチで、厚さ〇・九センチの逆三角形の粘土板を、長さ一〇・七センチの葱坊主《ねぎぼうず》のような頭部に斜めに貼付して、仮面表現をつくり出しているために、やや上向いた姿の表現となっている。この仮面と思われる部分から細い粘土紐が側頭部をまわり、後頭部ではあたかも仮面を頭に縛りつけ結んだ紐のような表現になっている（図25）。この表現が仮面をかぶっているものではないかとして、「仮面土偶」と呼んでいたわけである。

仮面には、細い隆帯を用いてV字に眉を表現し、眉の脇には棒状工具で両端に円孔状刺突をつけた長さ二センチの沈線を施文している。この特徴的な沈線は、後期前半の堀之内式期の土器に特徴的な施文で、「仮面の女神」の制作時期を知る大きな手がかりとなっている。

V字状の眉の鋭角部には団子状の鼻がついている。やや上向きの鼻には、針の先で突いたような細く小さな鼻腔が表現してある。口は、逆三角形の頂部に棒状工具で円孔状刺突をつけて表現している。おちょぼ口状の表現は、あどけなさを演出している。この仮面の表現は、一見すると顔面表現にみえるが、ロンドン考古協会のオンラインニュースレターが評したように、「カマキリ」とも思える奇異なイメージを醸し出している。

立像構造の大形立像土偶

高さは三四センチで、どっしりとした太い両脚で立つ姿は、「縄文のビーナス」と同様の大形立像形で、中期からの中部高地の伝統的な形だといえる。この太くどっしりした脚は土偶を立てるために必要な構造で、足裏には滑り止めの網代痕があり（図25）、周縁には立てた際についたと思われる擦痕が認められることなどから、〝立つ大形土偶〟を制作当初から意識していたことがわかる。「縄文のビーナス」はどっしり感を臀部にもたせていたのに対し、「仮面の女神」は太い両脚で安定感をもたせ立てる構造としていることに特徴がある。

大地にどっしりと立つ力強さの強調とともに、衆人からみられる土偶としての役割をはたしていた可能性を秘めている。

図24 ●「仮面の女神」正面
腕を十文字に広げ、太い脚で踏ん張り腹部が張り出す立像形の土偶造形は、中部高地の伝統である。

図25 ● 背面・側面・脚裏面
「縄文のビーナス」のような出っ尻でなく、直線的に立つ。
脚裏は網代痕と周縁に擦れと剝落痕がみられる。

制作工程の復元

発掘調査当初から、脚部・体部の状況により中空構造であろうとの予測はできたが、復元作業時のX線調査で、頭部・頸部も中空構造であることが判明した（図26）。

「仮面の女神」制作のパーツは、頭部、頸部、体部、脚部、それと腕部により構成されている。

脚部の制作は、まず網代を敷き、内側から径一・二ミリの孔をあけた円盤状粘土板をその上に載せる。この上に幅約四センチの粘土紐を三段輪積みにした後（図27）、外部に割合丹念なナデ整形を施している。この制作法は小形土器の制作に類似している。

体内の制作は、X線CT写真や小形カメラで観察した結果、幅約三・五センチ前後の粘土紐を五段輪積みにしていることがわかった。粘土紐の接合部を指先で押さえた後、軽く雑な横ナデ整形しているだけで、輪積みの痕跡を残す雑なつくりとなっている。脚部と体部下半部（臀部）との接合部には、指先で押さえた痕跡が残っている。

頭部の制作は、体部から肩にかけてすぼまる部分に円筒状のパーツをソケットして首部をつ

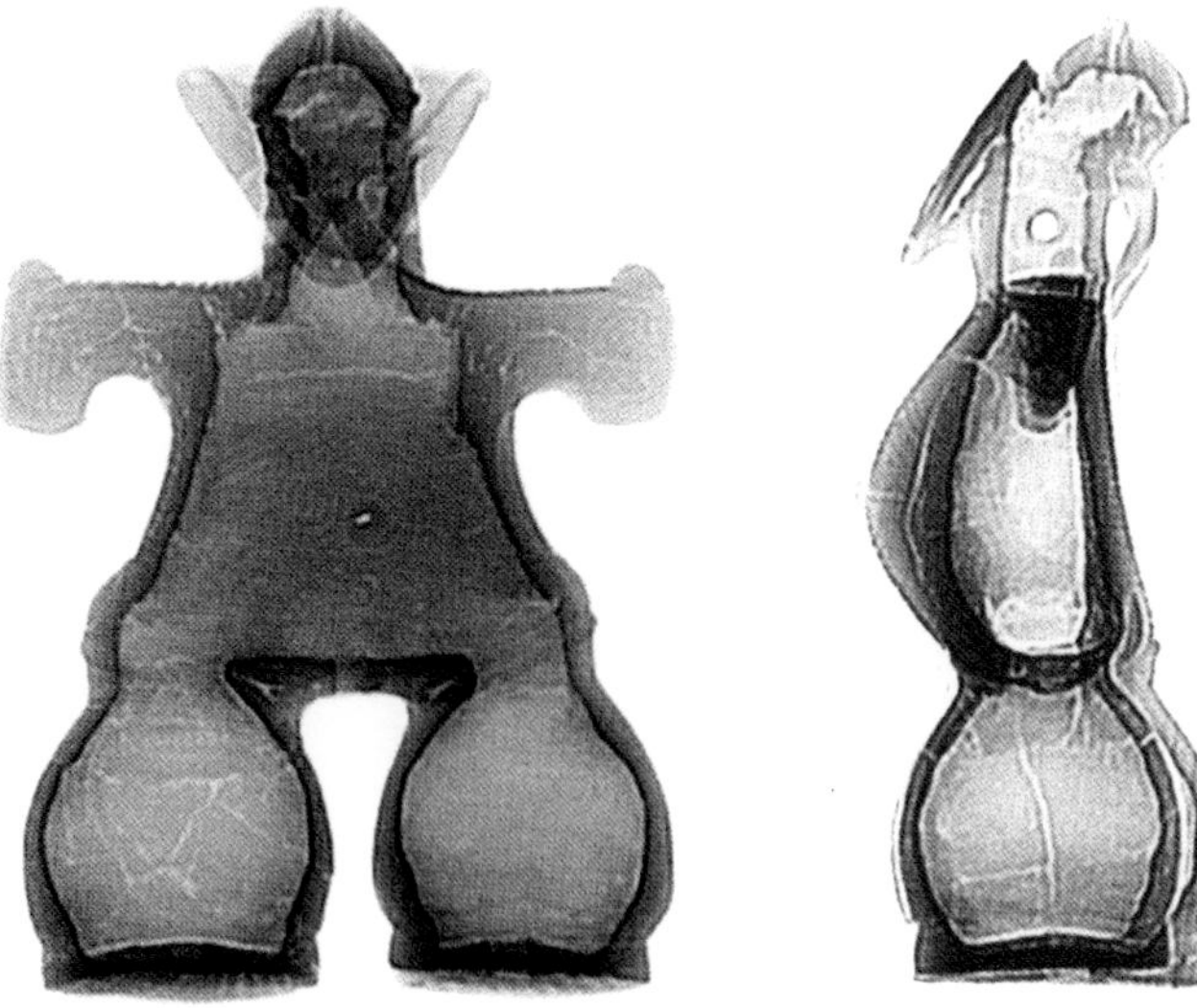

図26 ● X線CT写真でみた内部
頭から脚まで中空構造で制作されている。張り出した腹部には臍を思わせる細い孔が貫通している。

くり出した後、正面となる部分を開けて逆三角形の仮面となる部分を貼りつけている。

腕部の制作は、束ねた粘土紐をU字形に折り曲げ、体部に貼りつけ板状に成形している。

体部のつくり方などは後期の注口土器などの袋物づくりの製品と類似しており、土偶独自の制作法をみいだすことはできなかったが、膨張した腹部の表現はやはり大きな特徴である。芯となる体部腹に粘土を貼りつけ膨れた腹を強調し、その頂部に臍状表現の突起を貼りつけている。その頂部より胎内にむかって針孔状の小孔をあけている。この様子はまるで、臍から胎内へつながる様子をあらわしているようにみえ、仮面をかぶった妊婦を表現しているようだ。

中空構造を意識した土偶

さて、中空構造の土偶は、中期前半から中部高地・北陸地域にあり、山梨県南アルプス市の鋳物師屋《いもじや》遺跡土偶に代表される円錐形土偶のほかに、長野県飯山市の深沢《ふかさわ》遺跡、新潟県津南町の上野《うわの》遺跡などの土偶に散見される。円錐形土偶以外は、大形土偶が中空構造となる傾向をみることができ、大形土偶と中空構造は何らかの関連性があったのではないかと考えられる。

後期前半でも、中空構造の土偶は、関東地域に多くみられる円筒形土偶のほかに、「仮面土偶」の一群（新町泉水遺跡、後田遺跡〔図28〕のほかに、長野県安曇野市の北村《きたむら》遺跡、岐阜県中津川市の

図27 ● 右脚部つけ根内部の輪積み痕
粘土紐を輪積み成形しているが、指頭で押さえ伸ばしただけで、丹念なナデ整形はしていない。

川原田《かわらだ》B遺跡）がある。また全体像は不明であるが、体部・脚部だけの事例が四例あり（長野県茅野市の棚畑、同富士見町の大花《おおばな》、同千曲市の円光坊《えんこうぼう》遺跡、山梨県北杜市の上《かみ》ノ原《はら》遺跡）、中部高地の後期前半の土偶制作法の一つに中空構造が取り入れられていたことがわかる。

後田遺跡の「仮面土偶」の調査者である山下浩司は、中空構造で下半身を膨ら

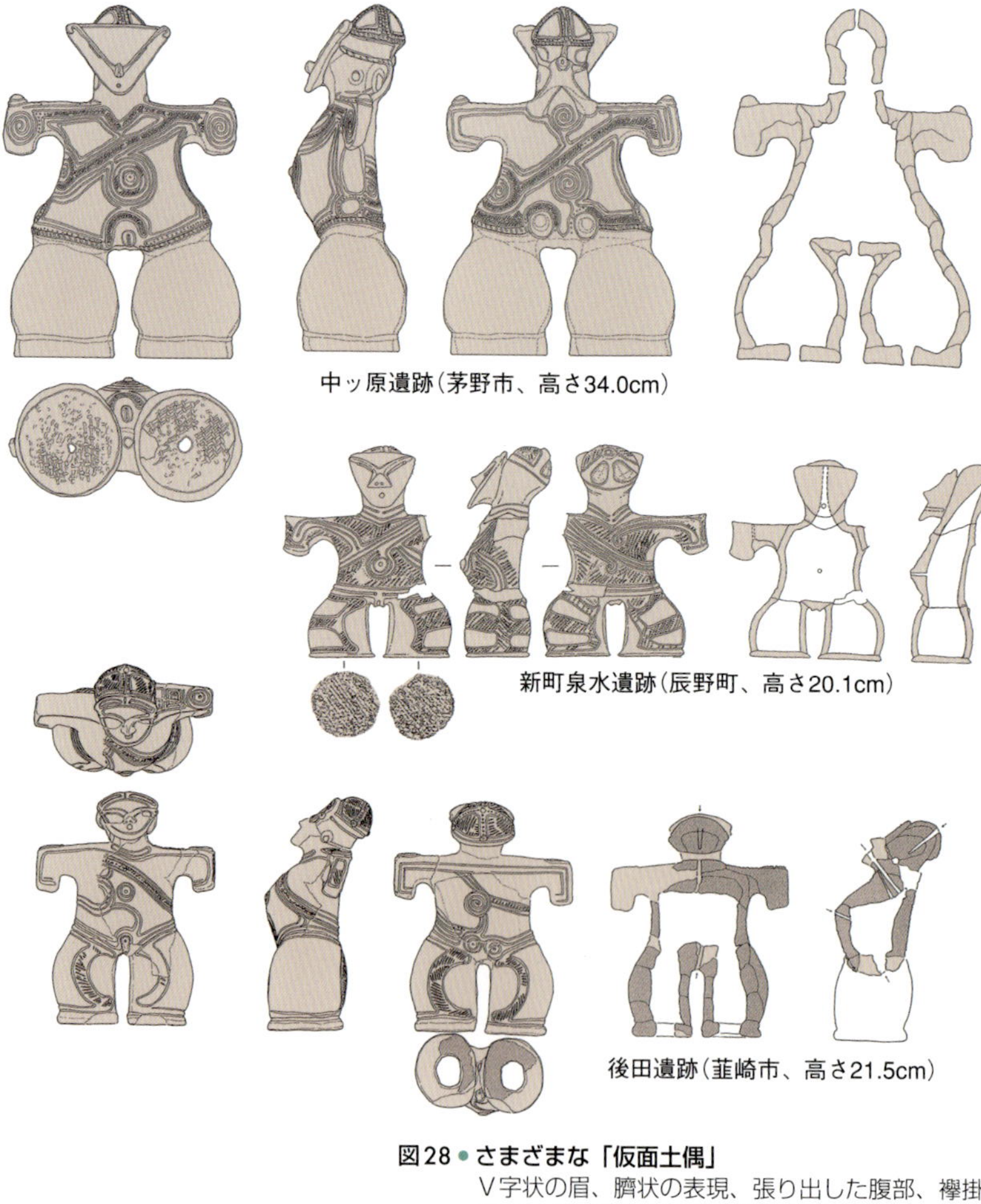

図28 ● さまざまな「仮面土偶」
V字状の眉、臍状の表現、張り出した腹部、襷掛け文様などが類似する「仮面土偶」3兄弟。

ませた下腹部を具備することに着目し、女性のみがもつ妊娠・出産という神秘的な能力を表現したものとする。この中空構造は山下が指摘したとおり女性―妊娠・出産という、中期に中部高地の土偶の大きな特徴であった「妊娠土偶」と同様な意識のもとにつくられたものと考えることができ、中部高地の伝統的な造形として捉えることができる。

中ッ原遺跡の「仮面の女神」は、大きさや制作技法からみると、中空構造をもつ「仮面土偶」の最上位に位置する土偶といっても過言ではない。

中空構造を真似た土偶

中身の詰まった中実構造の土偶でありながら中空構造を真似た興味深い事例として、茅野市の大桜《おおざくら》遺跡の土偶がある（図29）。この土偶は粘土ブロックを組み立てる中実構造でありながら、体部から臀部、足裏に棒状工具を用い太めの貫通孔を開け、あたかも中空構造を模倣したような構造をつくり出している。

基本的な輪積み技法や中空構造の袋物づくりの技が未習得であったためか、または基本的な中空構造が伝授されなかったために、このようなできの悪い模倣品が生まれたのであろう。また、施文や胎土、整形も粗雑で、モデルとその模倣のあり方を示す資料として、また土偶にも階層的な構造があった可

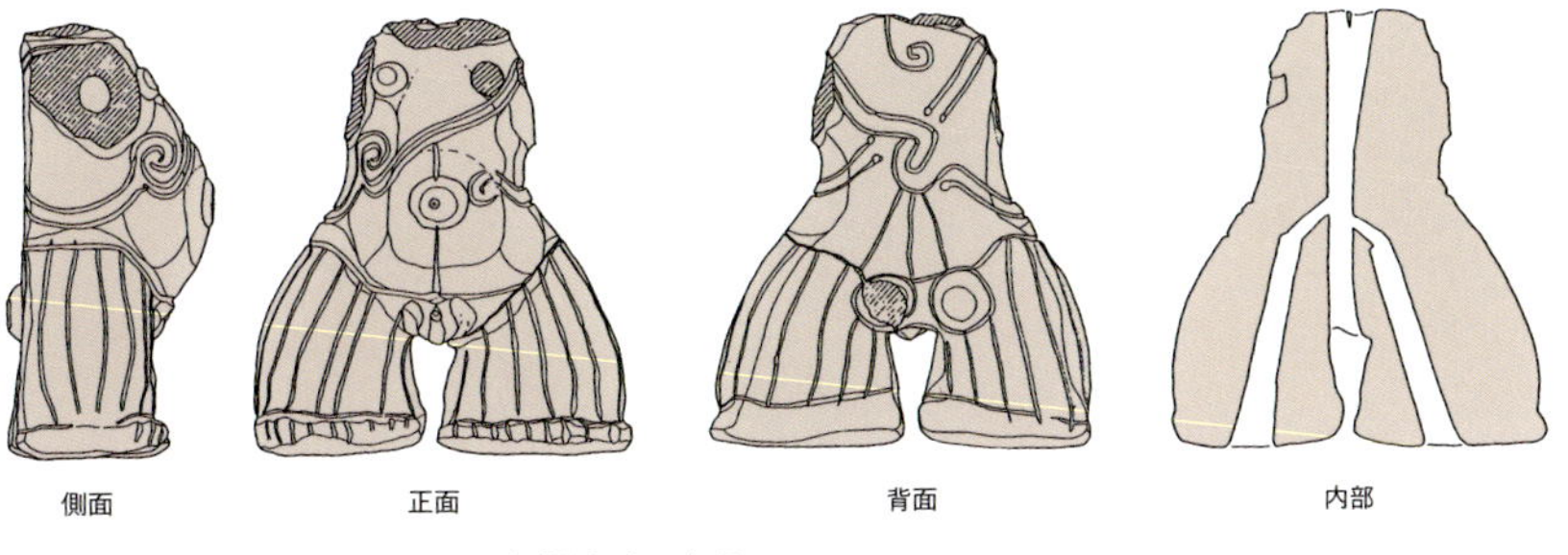

図29●「仮面の女神」を真似た大桜遺跡の土偶
中実構造だが、棒状工具で体部・脚部がつながる太い孔を穿ち、まるで中空構造のように真似ている。

能性を示す資料として興味深い。しかし、三上徹也が述べるように、涙ぐましいほどといえる似せる努力は、「仮面の女神」への強い思いや憧れ、真似をすることの意義が隠されているように思える。

丹念に磨き微細につけた文様

「仮面の女神」のもう一つの大きな特徴は、黒く蒸し焼き状の焼成にある。発見当初「黒いものが出土した」といわれたように、色の印象は大きく、またその独特の光沢も印象が強い。この黒色焼成・研磨整形は、後期前半の堀之内2式期以降の精製土器に用いられたものである。

隣接する土坑でみつかった鉢被せに用いられていた浅鉢などにも同様な技法が用いられていることを考えると、これら浅鉢制作集団と「仮面の女神」の制作集団とに関連性がうかがえる。いずれにしても「仮面の女神」の全身の研磨整形は念入りで、土器づくりのエキスパートが精魂を注いで制作した姿を彷彿とさせる。

文様は体部を中心に施してある。先端が丸みを帯びた棒状工具により割合浅い沈線で渦巻文と帯状区画文をつけている。区画内には撚りの強い細い縄文原体を用いた縄文を充塡し、その

図30 ● 腹部の丹念な整形と施文
良く磨き整形され、独特な光沢を帯び、施文もていねいにつけている。

上に串状工具で細かな刺突を施文している（図30）。

この縄文施文のある帯状区画と沈線による渦巻文から、後期前半の堀之内2式期に帰属するものと考えられる。なお、この全身に施された文様はまるで刺青《いれずみ》あるいは衣服を彷彿させるような精緻さをもっており、黒色焼成・丹念な研磨整形と相まって、「仮面の女神」の威厳性や神秘性を醸し出す効果となっている。

2 「仮面の女神」の系譜は

「ハート形土偶」から「仮面土偶」へ

後期前半を代表する土偶は、群馬県東吾妻町《ひがしあがつま》の郷原《ごうはら》遺跡から出土した「ハート形土偶」である。ハート形の突出する顔面表現、下げた両腕、O脚状に踏ん張る脚が特徴である。「仮面の女神」も基本的にはこの姿態をとっていて、一見同じグループにみられるが、中空構造やふくよかな体部表現に加え、仮面をかぶった様子をリアルに表現している点が大きく異なる。「ハート形土偶」は中実構造で、細身で柱状の体部など細部を比較すると、別の土偶類型としてとらえることができる。

「仮面土偶」の出自について原田昌幸は、「ハート形土偶」から「仮面土偶」へ、子どもを宿す母のイメージが付与され、ヘルメット状の頭部と仮面をかぶったような別づくりの顔面となり、顔面がハート形から逆三角形へ変化するとし、「この一連の変化は、ハート形土偶たる

「郷原土偶型式」を源流としながら、その伝播先である長野・山梨県方面で、より顕著に進んだらしい。そして、この土偶型式の到達点として、かの「仮面の女神」長野県中ッ原遺跡の、大形中空土偶が位置づけられるのである」とする。つまり、「仮面土偶」は「ハート形土偶」を原型としながら、中空構造、妊娠表現、明らかに逆三角形の仮面をかける表現が付加された、後期前半に中部高地において花開いた大形立像土偶型式であるととらえ、その頂点に「仮面の女神」を位置づけたのである。

新町泉水遺跡出土の「仮面土偶」

第1章で述べたように、私は発掘当初、「仮面の女神」をみた瞬間から新町泉水遺跡の「仮面土偶」と同群であると直感した。

「仮面土偶」というと、新町泉水遺跡の土偶をまず第一にあげることができる（図32）。昭和初期、長野県辰野町の新町泉水地籍でおこなわれた開田工事の際に発見されたもので、そのときの出土状態などについては不明である。高さ二〇センチ、右腕が欠損するが、両腕を広げ、脚を力強く踏ん張り大地に立つ立像形の中空構造の土偶である。

図31 ● 新町泉水遺跡・後田遺跡の位置
中ッ原遺跡は、辰野町新町泉水遺跡とは天竜川水系で、韮崎市後田遺跡とは釜無川水系でつながっている。

顔面は角の丸い逆三角形の仮面をかぶった表現をしている。体部中央腹部の臍とこれをかこむ同心円文、右肩から襷状に下がる帯状の沈線などは「仮面の女神」にもみられるが、脚部にある帯状の縄文施文の有無や体部の縄文施文部位に違いをみいだすことができる。帯状沈線区画内の縄文施文や仮面表現などから、「仮面の女神」よりやや古い堀之内式期に制作されたものと考えられる。一九七九年に長野県宝に指定されている。

後田遺跡出土の「仮面土偶」

「仮面土偶」の全体像をうかがうことのできるもう一つの土偶に、山梨県韮崎市の後田遺跡出土の「仮面土偶」がある（**図33**）。この土偶は一九八八年に県営ほ場整備事業にともなう発掘調査により発見された。配石遺構の南西端の黒褐色土中から、後期の土器片とともに、頭部、胸部、左腕部、腹部、背部、脚部など八つの破片がバラバラの状態で出土した。

右腕・背・脇腹・顔面下半の約三分

図32 ● 新町泉水遺跡の「仮面土偶」
鼻が強調され、体部、脚部の縄文施文などから、中ッ原遺跡の「仮面の女神」より古段階の様相を示す。

の一を欠損しているが、復元すると高さ二一・五センチになる。頭部に丸みのある逆三角形の仮面をかぶった表現と、両腕を広げ力強く両脚で踏ん張る立像形の姿は、新町泉水遺跡や中ッ原遺跡の土偶と同様である。盛り上がった腹部に同心円文にかこまれた臍の表現や、肩からかかる襷状の表現も同様である。

制作法は、粘土紐の輪積みによる中空構造を基本とするが、頭部は粘土塊を用いている点が「仮面の女神」とは異なる。前述したように、調査者である山下浩司は、中空構造で下半身を膨らませた下腹部を具備することに着目し、女性のみがもつ妊娠・出産という神秘的な能力を表現したものと考えている。この考えは「仮面土偶」のあり方を考えるうえで重要な指摘である。なお、充塡縄文や沈線の両端に刺突する技法をから、後期前半のものと考えられている。

このように「仮面の女神」の同類型が長野県・山梨県に分布することがわかり、「仮面土偶」は後期前半の中部高地を代表する土偶であるといえる。

図33●後田遺跡の「仮面土偶」
仮面が丸みを帯びる点や、脚部の帯状縄文施文から、新町泉水遺跡に続く段階のもの。

時期についての二つの考え方

土偶の制作時期を決定する際、伴出する土器や土偶の形・施文の特徴が手がかりとなる。一九八八年~一九八九年、国立歴史民俗博物館と全国の土偶研究者が中心となって、日本全国に所在する草創期から晩期までの土偶のデーターベース化がはかられ、これにより各地域、各時期の土偶の集成がおこなわれた。こうして土偶類型の時期や地域性を検討する素地が整ってきている。この成果をまとめた『国立歴史民俗博物館研究報告第三七集　土偶とその情報』では、「仮面土偶」の時期について、二つの考え方が示されている。

長野県の後期土偶を概観した宮下健司は、新町泉水遺跡などの「仮面土偶」を指して、「仮面土偶は加曽利B式期になって盛行し、辰野町新町泉水例、明科町北村例がその代表で、中空で太い足を踏んばる全身立像で、仮面には太い隆帯で眉を表し、つり上がった目ややさしい楕円形の目を特徴としている」と加曽利B式期に比定している。

これに対して、山梨県の後期土偶を概観した小野正文は「堀之内式期の土偶はハート形土偶が明野村水窪遺跡で一点、また恐らくはハート形土偶の類型に入ると思われる土偶が、韮崎市後田遺跡から出土している。中空である点は長野県辰野町泉水遺跡土偶に近似する。やや上を向いた顔、直線状の肩、直角に曲がる腕、O脚状の脚はハート形土偶の特色をよく備えている。特に顔の表現には特色があり、金生遺跡の土偶の中にも該期のものを見出すことができる。後田、泉水例はいずれも堀之内式期でも新しい部分に属するものではないかと思われる」とハート形土偶との関連性から堀之内式期新段階に比定している。

宮下健司、小野正文両氏ともに「仮面土偶」の帰属時期について後期前半としながらも、宮下は加曽利B1式期、小野は堀之内式期の新しい部分と若干時期のとらえ方に差異があり、時期の確定にはいたってはいなかった。では、「仮面の女神」が制作された時期はいつなのか。

制作された時期

今回の中ッ原遺跡での「仮面の女神」出土の大きな特徴は、土坑から出土していることにある。土坑調査時には、土偶のほかに何か共伴する土器があれば、ある程度の時期を絞り込むことができるのではと期待されたが、土偶のほかには混在したと思われる中期後半の土器片があっただけで、大きな決め手とはならなかった。

また、前述したように「仮面土偶」自体の評価も定まっていなかったため、「仮面の女神」の時期を明らかにするには、ほかの遺構、とくに第七〇号土坑と重複関係をもつ鉢被せのある土坑との重複関係から検証することが重要となった。

第五九号土坑と第九四号土坑の鉢被せに用いられていた浅鉢（図34）は、二つとも後期前半の堀之内2式期の浅鉢であることから、「仮面の女神」を埋置してあった第七〇号土坑もこの時期につくられたものと考えることができる。そこであらためて、第五九号土坑と第九四号土坑の鉢被せに用いられていた浅鉢を詳細にみてみよう。

第九四号土坑の浅鉢は、口縁部内側が帯状にやや厚みを帯び、この部分に棒状工具を用いた沈線と環状突起が四単位つくのに対して、第五九号土坑の浅鉢は突起と環状突起が対辺に二単位配され、この間を数条の棒状工具による沈線でつないでいる。口縁部内側の肥厚化はないが、口唇部にこの肥厚の名残がみられる。

これらの施文と口縁部内側の肥厚の有無の状況に着目すると、第九四号土坑の浅鉢が第五九号土坑の浅鉢より古いことがわかり、第九四号土坑の構築→第九四号土坑内覆土を掘り込み・第七〇号土坑の構築→第五九号土坑の構築、と整理ができ、「仮面の女神」を堀之内2式期内でも新段階に帰属するものと考えることができる。

この遺構の土坑の重複関係をベースに、「仮面の女神」を新町泉水遺跡や後田遺跡の「仮面土偶」の事例と比較してみると、丸みを帯びる逆三角形の仮面表現や体部・脚部に割合幅広の帯状縄文施文の状況からみても、中ッ原遺跡「仮面の女神」が新町泉水遺跡・後田遺跡の「仮面土偶」より新しいものととらえることができ、また、「仮面の女神」の体部形状がほかの「仮面土偶」にく

第94号土坑出土

第59号土坑出土

図34 ● 鉢被せ葬に用いられた浅鉢
遺構の重複関係から、口縁部内側が肥厚する94号土坑の浅鉢から59号土坑の浅鉢への変化がみてとれる。

らべ箱形となる点や、研磨整形、黒色焼成の状況からみても新しい段階への萌芽が認められることからも、「仮面の女神」は堀之内2式新段階に制作されたと考えられるのである。

3　どのように扱われたのか

出土状態への注目

土偶は普通、遺跡内の遺物包含層や遺構内覆土から出土することが多く、「仮面の女神」のように遺構内に埋置したような状態で出土するのはまれである。そのため遺構内に人為的に埋置したような事例は、土偶の用いられ方を解明する重要な情報源として古くから注目され、そうした事例の報告もいくつか散見されるが、古い事例の場合、土偶の特異性を強調するあまり、石囲いなどと安直に結びつけたようなものもあり、確実性を問える資料はかぎられていた。

八ヶ岳山麓周辺で明確に土坑に埋置された事例は、中期前半、棚畑遺跡の第五〇〇号土坑出土の「縄文のビーナス」である。その後、事例は絶え、後期前半、堀之内2式期に突発的に、中ッ原遺跡で「仮面の女神」が土坑に埋置される。このほかに、先にもふれた「仮面の女神」を模倣したような中実土偶（頭部・腕部を欠損）が大桜遺跡の土坑内から出土しており、断続的だが八ヶ岳山麓周辺で土坑に土偶を埋置する行為がおこなわれていたことは確かである。

この土坑への土偶の埋置は、後期前半、堀之内2式期以降に起こった、八ヶ岳山麓の何らかの大きな環境変化や社会的な変動を背景にした宗教観の確立が結びついているのではないかと考えることができるが、その点を考えるためにも、「仮面の女神」の埋置状態についてくわしくみていく必要がある。

中央部に密集する土坑

「仮面の女神」の出土した第七〇号土坑は、中ッ原遺跡のある台地の中央、集落のほぼ中央部に設けられた。集落中央部は中期から土坑が構築され、後期前半まで密集する。中期の土坑内からは、滑石製やコハク製の垂飾、大形粗製石匙が出土し墓壙を思わせる。後期では、鉢被せのある土坑、方形柱穴列を構成する柱穴などが検出されている。

この土坑群をかこむように住居が配され、環状集落の形は後期前半堀之内2式期まで維持されていることから、この範囲が伝統的な環状集落の中央広場として認識され、集落構造の規範が守られていたものと考えられる。とくに「仮面の女神」がつくられた後期堀之内2式期に焦点をあてると、「仮面の女神」が埋められた土坑や、鉢被せのある土坑がある程度のまとまりをもって群在しており、このまとまりは集団の単位を示しているものと考えることができる。

「仮面の女神」が出土した第七〇号土坑は、東西方向に長い長楕円形をしている。上面は長さ二〇一センチ、推定幅一〇五センチで、底面は長さ一五九センチ、幅七七センチである。重複・隣接する第九四号土坑は長軸二三四センチ、幅一二六センチで、第五九号土坑は長軸一三八センチ、幅八四センチであることから、比較しても第七〇号土坑が必ずしも突出した規模ではなく、ほかの鉢被せのある土坑とほぼ同規模のものである。また、土坑の掘り方は、北・東・西壁際は割合垂直に近い形で立ち上がり、確認面からの深さは四五センチで、構造自体も重複・隣接する土坑と大差ない。「仮面の女神」が埋められた土坑、鉢被せのある土坑には、墓域における墓壙のむきなどに一定の規範があったことがうかがえる。

そして「仮面の女神」が出土した土坑と鉢被せのある土坑と重複や隣接して、周辺は一つのまとまりをもっている。これら新旧の重複関係については、先に中ッ原遺跡の盛衰と関連して整理したが、それによると後期前半の堀之内2式期のなかで、第九四号土坑、第七〇号土坑、

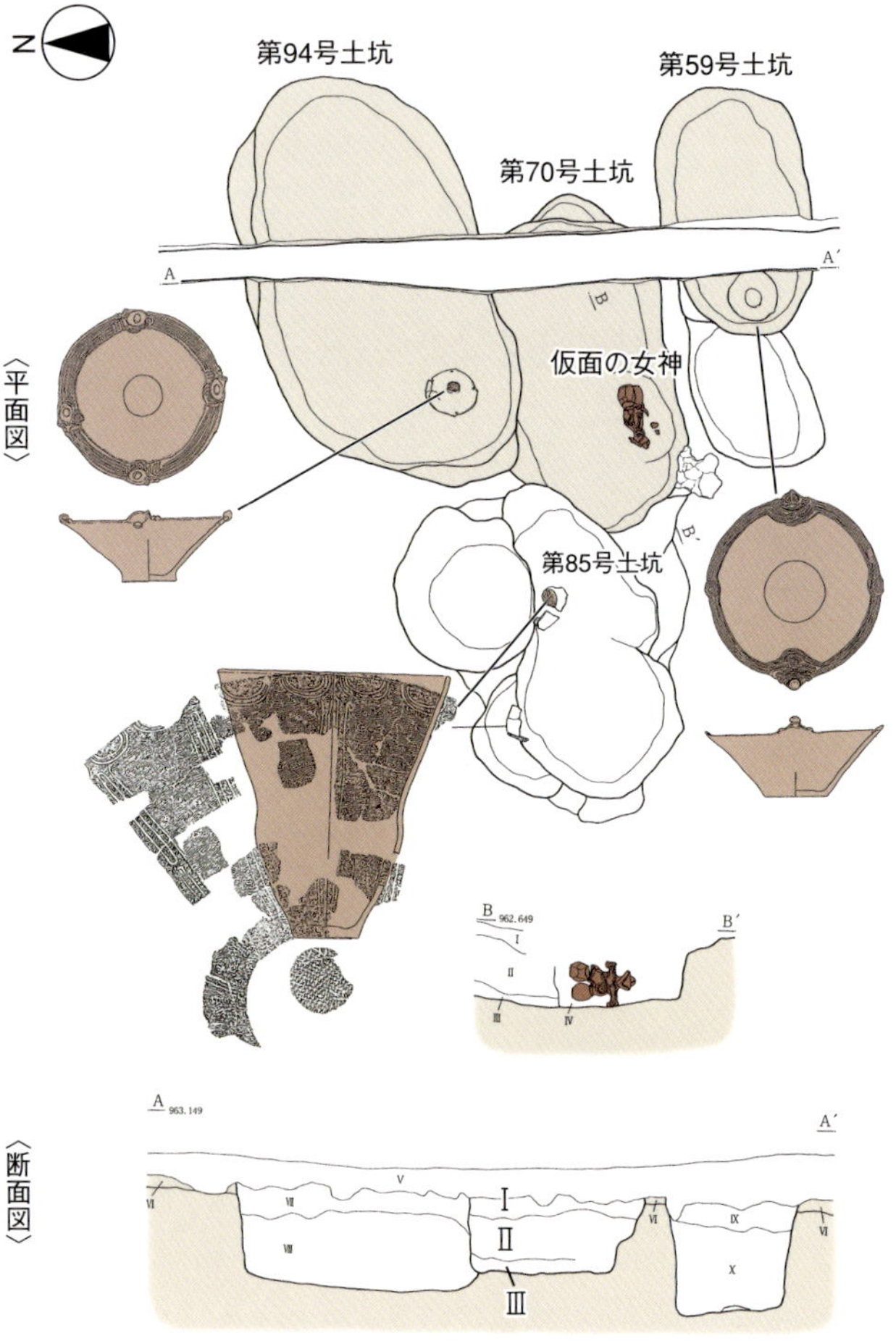

図35●「仮面の女神」が出土した土坑と隣接する土坑
3基の長楕円形の土坑が、重複・隣接しながらひとつのグループをなす。

第五九号土坑と徐々に南側へ移動するように土坑が構築されていったことがわかる。

その重複・並列の状況から構築した時間幅を想定すると、第九四号土坑の埋土を切り込んで第七〇号土坑を構築していることから、第九四号土坑を構築した後、その状況が曖昧となった時点で第七〇号土坑を構築した。そして、つぎの第五九号土坑を構築した時点では、まだ第七〇号土坑が構築されていたときの記憶が残っていたために、以前に構築した土坑を壊さないように配慮した結果、隣接した場所を選定されたものと理解することができる。

さらに、三基の土坑を連続的に同様な範囲に構築していることから、この範囲を一定のグループが占有していたのではないかと想定できる。集落のほぼ中央部を占有することなどから、この場所が中ッ原ムラのなかでもっとも優位のグループの墓域であった可能性が考えられる。

埋められた土坑

第七〇号土坑の覆土は、ローム粒子の含有比率や色調などにより三層に分けることができる。とくに中層（Ⅱ層）はロームブロックを大量に含有した土が堆積していることか

図36 ● 第94号土坑（左）と第70号土坑（右）の重複状況と土層状態
第94号土坑の覆土を掘り込み、「仮面の女神」を埋置した第70号土坑を構築している。

ら、土坑を掘った際に掘り上げたロームを人為的に埋め戻した状況である。坑底上に堆積する土（Ⅲ層）はやや粘りがあり、ローム粒子もあまり含まず、三ミリ大の炭化物粒子の混入が認められた。「仮面の女神」が埋置されていた小孔は中層内に掘り込まれ、土坑を最終的に埋め戻した土（Ⅰ層）で覆われている。

このような埋没状況は、墓の可能性が考えられる。まず坑内に遺体を安置し、Ⅲ層の土を遺体にかける。ここに土坑掘削時のロームブロックを含む褐色土を土坑全体の八分目ほど埋め戻す。そこに「仮面の女神」を埋置する小孔をうがち、「仮面の女神」を埋置する。そして小孔を埋め戻したのち、最終的に土坑である墓全体を土で覆ったと考えられる。

現状では土坑内にあった遺体などの有機物は、酸性度の強いローム層により腐食・分解されて残ってはいない。このため土坑覆土から採取した土壌を対象に、土坑の内容物が少しでも判明できればと考え土壌理化学分析、脂肪酸分析を実施した。その結果、土坑底部に近い土層内にリン酸の測定値、コレステロールの相対比が高いことがわかった。これは動物質由来の影響ではないかとの分析結果をえている。

出土状態の観察

さらに「仮面の女神」の埋置についてみていこう。「仮面の女神」は第七〇号土坑の南西側壁際隅の直径五〇センチの円形の掘り方内に、頭部を西、脚部を東にして、顔面・腹部を北側、土坑内部をむくように側臥の状態で出土した（図37）。頭部は土坑底面から一八センチ、左脚が三センチ浮いた状態で横たえられていた。この状態は自然ではありえず、人為的に埋めたものである。なお、側臥の状態での埋置は、棚畑遺跡「縄文のビーナス」も同じで、このように側臥の状態で土坑に大形土偶を埋置することに何らかの意味があったものか。想像を豊かにするならば、この側臥の状態は、まるで被葬者にむきあい、土偶を抱かせた状態を彷彿とさせる。

右脚をもぎとられ再安置

「仮面の女神」は発見当初から、右脚だけが本体から離れて検出された。そのため調査当初は、土圧によって脚部が破損したのではないかと推定していた。しかし、掘り上げ作業時に詳細に観察すると、右脚部が胴体の右脚部つけ根にそのまま接合せず、なおかつ破片の一部が欠落すること、右脚全体が約九〇度回転していることが確認でき、右脚は土偶本体を埋置時に折れたのではなく、後に添え置かれたものであることがわかった。

また、右脚部つけ根の破損部分を観察すると、一方向から力を加え折り取ったような痕跡と、打ち欠いたような剝離状の痕跡が観察された。このことも右脚が人為的に取りはずさ

図37 ● 第70号土坑の「仮面の女神」出土状態
西側に頭部をむけ、やや内側に傾斜した側臥の状態で小孔に安置されている。

れたことを物語っている。

では、人為的にもぎとられたときに生じた複数の破片はどこにあったのだろうか。発掘調査時には、土偶臀部に浮いたような形で、一片の脚部つけ根の破片が発見されていた。その後、右脚部破損部の空洞開口部分に、右脚部上半破片が裏返しで蓋をするように詰められていた（図38）。そのほか破片は復元時にはずれていた右脚部内から二片が、土偶胎内右腹部より脚部上半破片が発見された。これらの破片が右脚部のつけ根から正面にかけて接合し、ちょうど土偶本体と右脚部の不足部分を埋め、「仮面の女神」の完全な姿がよみがえった（図39）。

図38●右脚破損部に詰められた破片
右脚破損部の空洞に蓋をするよう、ちょうど合う大きさの脚部破片を裏返しで用いている。

「仮面の女神」埋置の復元

この右脚の破片の出土状態と土坑の土層堆積状況などにもとづき、「仮面の女神」が埋置されていく過程は図40のように復元することができる。まず、完全な姿の「仮面の女神」右脚を意図的に壊すまでを一つの流れととらえられる（第二段階）。この第二段階の流れは、完形個体の土偶の破壊＝〝死や終わりを示す儀式〟をあらわしているものと考えることができよう。

つぎに土偶の胎内・右脚部に有機物と脚部破片を詰め込み、開口部に脚部破片を用い蓋をする所作がくる（第三段階）。これは興味深い所作で、中空構造の「仮面の女神」胎内へ、人為的に有機物・脚部破片を詰め込んでいることをから、願いを込める、強いて表現するなら〝魂を込める儀式〟ととらえることができる。

そして赤色塗彩物、軽石を供えながら、取りはずした右脚を添えてふたたび元の形に戻すまでの一連の所作を、〝蘇りの儀式〟（第四・五段階）と考えることはできないか。

このように第二段階から第五段階を死、入魂、蘇生の一連の儀式としてとらえると、土坑への「仮面の女神」の埋置は、た

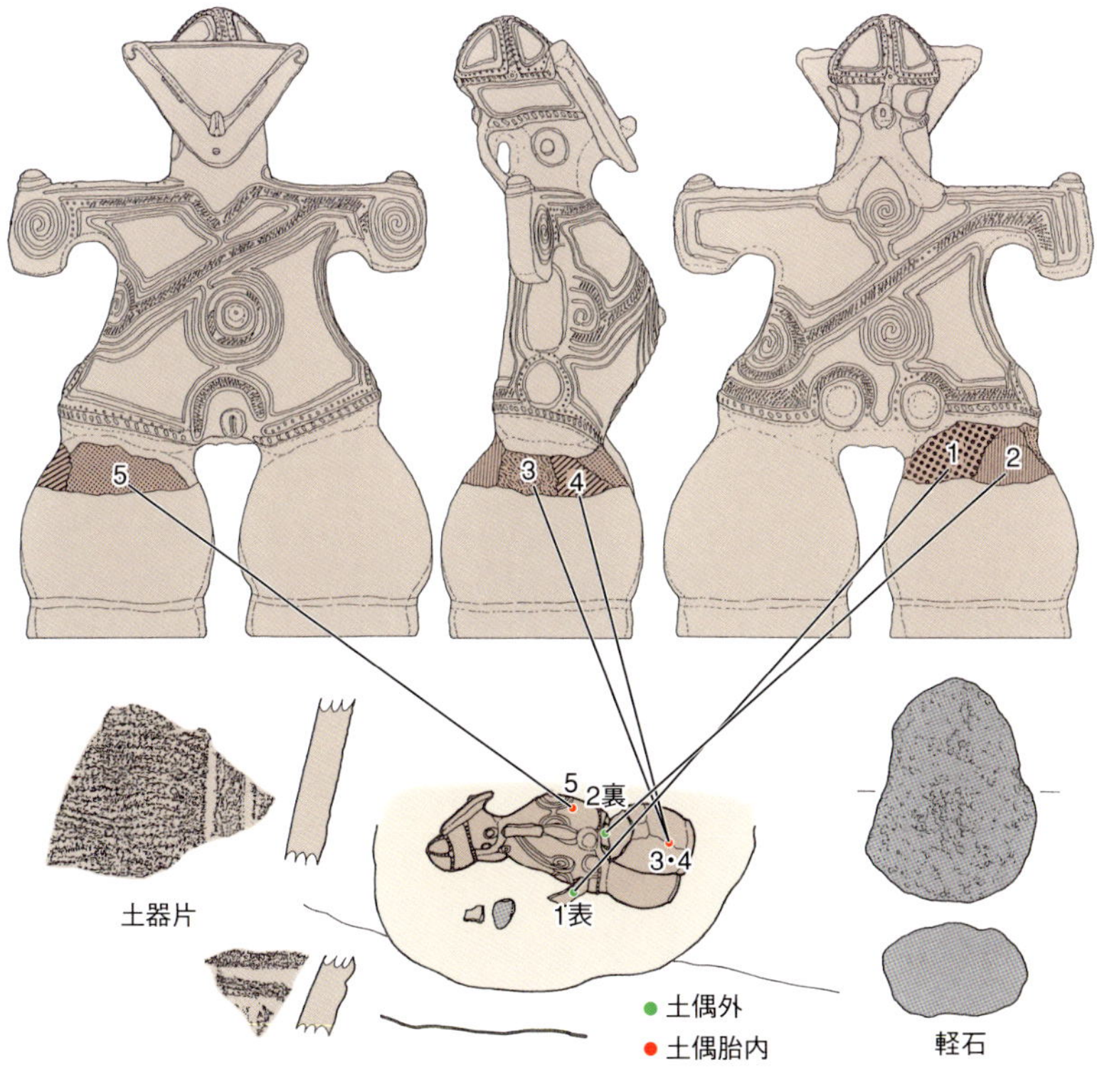

図39 ● 脚部接合状況と出土遺物
右脚部つけ根の破片が、胎内や右脚部内などに５片バラバラの状態で出土し、接合後旧状に戻った。

んに被葬者へ大形土偶を供え置いたという単純な姿ではなく、被葬者との関係を強く意識した深い思惟の所産として、強い願いや思いを込めながら、複雑な儀式をへて埋置した葬礼の一端であったと理解できる。

「仮面の女神」は大形で完成度の高い上位土偶として制作され、中ッ原ムラへ安置され祀られていたものが、被葬者の埋葬の際に、壊し、再埋置するといった土偶祭式のあり方から考えると、再生を願う供儀的な役割や社会的な背景を「仮面の女神」が背負い、はたした結果が反映されたものと考えられる。では、その役割、社会的背景とは何だったのだろうか。

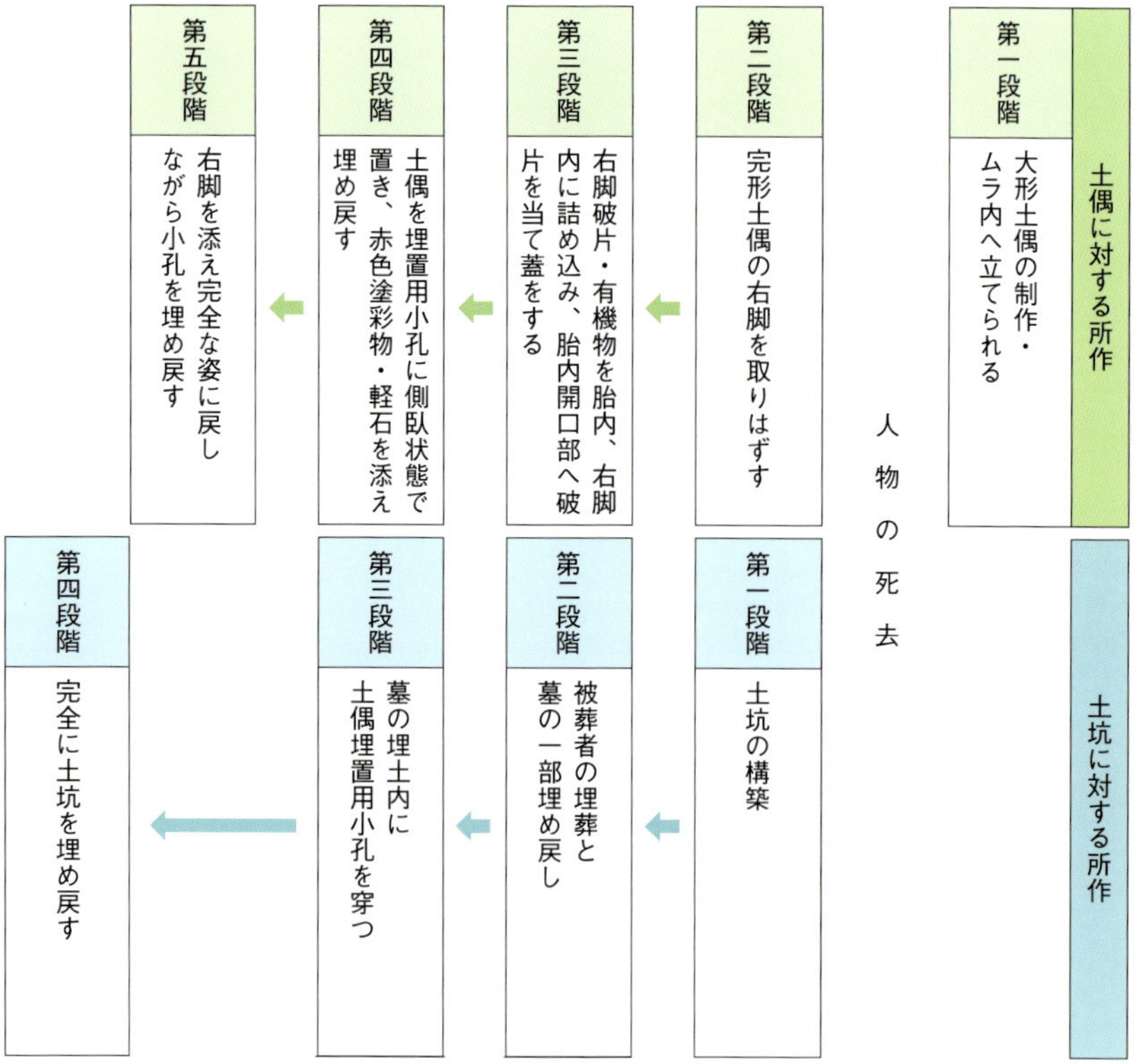

図40 ●「仮面の女神」の埋置された過程
第70号土坑の土層状況から、土坑の構築、埋戻しと「仮面の女神」の埋置は一連の過程でおこなわれたことが想定できる。

第5章　八ヶ岳西麓の縄文文化の終焉

1　八ヶ岳西麓の縄文ムラの盛衰

八ヶ岳西麓、霧ヶ峰南麓の縄文ムラの推移

八ヶ岳の西から南にかけての山麓は、縄文時代の遺跡が密集する地帯で、遺跡数の推移からムラの隆盛状況を探ることができる地域である。とりわけ中期に爆発的に遺跡数が増加する繁栄期を迎え、後期には激減する傾向については多くの先学が述べているところであるが、新たな発掘調査所見を加えて再度検討してみよう。

一九九〇年以降、八ヶ岳西南麓や霧ヶ峰南麓では、大規模なほ場整備事業が進められ、数多くの遺跡の発掘調査がおこなわれ記録保存されてきた。その結果、従来とらえられていた中期から後期の遺跡数の減少傾向について、その詳細が徐々に明らかになってきている。

それによると、後期の集落の内容はかなり複雑であることが判明してきており、さらに今回の

表1 ● 八ヶ岳山麓の縄文集落の展開

地域			八ヶ岳西麓																		
地形特徴			火砕流堆積段丘面																		
遺跡名			久保御堂	威力不動尊東	梨ノ木	中ツルネ	塩之目尻	日向上	鴨田	新水掛A	龍神平下	尖石	与助尾根南	与助尾根	菖蒲沢A	中ッ原B	中ッ原A	珍部坂A	水尻	城	立石
遺跡種別			散布地	集落	集落	集落	集落	集落	集落	集落	集落	集落	集落	集落	集落	散布地	集落	集落	集落	集落	集落
縄文時期不明												74		6							
草創期		有茎尖頭器																			
草創期		撚糸																			
早期		早期時期不明	○																		
早期	前半	立野																			
早期	前半	樋沢													集						
早期	前半	細久保																			
早期	後半	田戸																			
早期	後半	野島 鵜ヶ島台																			
早期	後半	茅山																			
早期	末																				
前期		前期時期不明	○																		
前期	初頭	塚田 花積															1				
前期	前半	中越 関山											1								
前期	前半	神ノ木 有尾																			
前期	前半	諸磯A																			
前期	後半	諸磯B																			
前期	後半	諸磯C 下島			2										○						
前期	後半	籠畑		2	2				○						○					○	
中期		中期時期不明				10		1	1			後4 中5	後2								
中期	初頭	九兵衛尾根Ⅰ			1																
中期	初頭	九兵衛尾根Ⅱ			4									1							
中期	前半	狢沢			15		2		2			3							1		
中期	前半	新道			22	2	1					1									
中期	前半	藤内Ⅰ			6	4						13						1		2	
中期	前半	藤内Ⅱ			9	1						6									
中期	前半	井戸尻Ⅰ			6					独		14	1								
中期	前半	井戸尻Ⅱ																			
中期	前半	井戸尻Ⅲ			13																
中期	後半	曽利Ⅰ					3		5			14									
中期	後半	曽利Ⅱ		1			5	1	1			13	1	14							3
中期	後半	曽利Ⅲ					4				1	9	5	13							8
中期	後半	曽利Ⅳ			1		11		1			9		4							6
中期	後半	曽利Ⅴ			1		5		○			3			1						10
後期		後期時期不明																			
後期	初頭	称名寺				3	8		○												4
後期	前半	堀之内1					16		4	1							2配				1
後期	前半	堀之内2																			○
後期	前半	加曽利B1																			
後期	後半	加曽利B2																			
後期	後半	加曽利B3																			
後期	後半	曽谷 安行																			
晩期		晩期時期不明																			
晩期	初頭	大洞B																			
晩期	前半	大洞BC 佐野Ⅰ																			
晩期	前半	佐野Ⅱ																			
晩期	後半	氷Ⅰ																			
晩期	後半	氷Ⅱ																			
住居址数			0	3	82	20	55	2	14	1	1	168	10	38	1	0	3	1	1	2	32

地域			八ヶ岳西麓																				
地形特徴			火砕流堆積段丘面																				
遺跡名			箒原	中原	下菅沢	中村	中ッ原	新井下	松原	下島	矢倉田	神の木	広井出	北山菖蒲沢A	北山菖蒲沢B	別田沢	聖石	長峯	町道下	下尾根	笹原上第2	滝之脇	床並
遺跡種別			散布地	集落	集落	集落	集落	集落	散布地	集落	散布地	集落	集落	集落	集落	集落	集落	集落	集落	散布地	散布地	集落	散布地
縄文時期不明							4										1						
草創期		有茎尖頭器																					
草創期		撚糸																					
早期		早期時期不明																					
早期	前半	立野																					
早期	前半	樋沢																				1	
早期	前半	細久保																					
早期	後半	田戸																					
早期	後半	野島 鵜ヶ島台																					
早期	後半	茅山																					
早期	末																						
前期		前期時期不明																					
前期	初頭	塚田 花積					1	1															
前期	前半	中越 関山				1						4	10										
前期	前半	神ノ木 有尾			1																		
前期	前半	諸磯A																					
前期	後半	諸磯B																					
前期	後半	諸磯C 下島								2				23									
前期	後半	籠畑									○				9							1	
中期		中期時期不明		11			25	後11	中										中1				
中期	初頭	九兵衛尾根Ⅰ					1	1							1		○	5					
中期	初頭	九兵衛尾根Ⅱ					1											15					
中期	前半	狢沢					10											10				1	
中期	前半	新道					8											15					
中期	前半	藤内Ⅰ					17											24				1	
中期	前半	藤内Ⅱ					10																
中期	前半	井戸尻Ⅰ					10	1										13					
中期	前半	井戸尻Ⅱ																					
中期	前半	井戸尻Ⅲ					4											5					
中期	後半	曽利Ⅰ		5			15										5	11					
中期	後半	曽利Ⅱ		11			29	6									11	25					
中期	後半	曽利Ⅲ		1			20	18									19	35					
中期	後半	曽利Ⅳ		1			8	3									34	31					
中期	後半	曽利Ⅴ		独			7							1	1	1	12	7					
後期		後期時期不明					1	2									3						
後期	初頭	称名寺		独			4	3								1	7	7					
後期	前半	堀之内1		1			5	3									21						
後期	前半	堀之内2					9										4配	3					
後期	前半	加曽利B1					1										4配						
後期	後半	加曽利B2																					
後期	後半	加曽利B3																					
後期	後半	曽谷 安行																					
晩期		晩期時期不明																					
晩期	初頭	大洞B																					
晩期	前半	大洞BC 佐野Ⅰ																					
晩期	前半	佐野Ⅱ																					
晩期	後半	氷Ⅰ																					
晩期	後半	氷Ⅱ																					
住居址数			0	30	1	1	190	49	0	2	0	4	10	24	11	2	121	206	1	0	0	4	0

地域			霧ケ峰南麓																		八子ヶ峰		白樺湖		
地形特徴			崖錐地・扇状地																		扇状地		岩陰		
遺跡名			一本椹	棚畑(城山)	土佐屋敷	平十朗久保	棚畑	丸山	八幡坂	大桜	買地	向林	大田苅	駒形	大六殿	牛ノ児	一ノ瀬・芝の木	よせの台	上の平	高風呂	上之段	矢の口	栃窪岩陰	御座岩岩陰	琵琶岩
遺跡種別			集落	集落	集落	集落	集落	集落	集落	集落	集落	集落	集落	集落	集落	散布地	集落	集落	集落	集落	集落	散布地	岩陰	岩陰	岩陰
縄文時期不明														11											
草創期		有茎尖頭器																							
草創期		撚糸																							
早期		早期時期不明																							
早期	前半	立野							○			11					7								
早期	前半	樋沢		配											1										
早期	前半	細久保															1								
早期	後半	田戸																							
早期	後半	野島 鵜ヶ島台																							
早期	後半	茅山																		1					
早期	末			1	○				○		5	○		5						2					
前期		前期時期不明																							
前期	初頭	塚田 花積												37					1	14					
前期	前半	中越 関山						1						21			13			7					
前期	前半	神ノ木 有尾								○								1		5					
前期	前半	諸磯A				1	2											1							
前期	後半	諸磯B												1			1								
前期	後半	諸磯C 下島					1	1	1				5		3		4								
前期	後半	籠畑							3			1	5					1		5	1				
中期		中期時期不明							6	3				後4			11								
中期	初頭	九兵衛尾根Ⅰ		1			3				1		○		○					1					
中期	初頭	九兵衛尾根Ⅱ					4								○										
中期	前半	狢沢					12						1						3						
中期	前半	新道	1				4	1					1	1						2					
中期	前半	藤内Ⅰ					11							6			16		6	2					
中期	前半	藤内Ⅱ	1				7		2																
中期	前半	井戸尻Ⅰ					11							1											
中期	前半	井戸尻Ⅱ																	7						
中期	前半	井戸尻Ⅲ					9							○						2					
中期	後半	曽利Ⅰ					23		1	1				1			4		7	3					
中期	後半	曽利Ⅱ	3				35		○	4				7			12	1	8	1					
中期	後半	曽利Ⅲ	1				10		4	2				4			6	4	8	1					
中期	後半	曽利Ⅳ					11		4	5							2	1	6						
中期	後半	曽利Ⅴ					4		○	1				独			2	2							
後期		後期時期不明								1															
後期	初頭	称名寺					○		1																
後期	前半	堀之内1			1		○			5			1	2	4		8配	○							
後期	前半	堀之内2					○			2											1				
後期	前半	加曽利B1					○集			2				1配			配								
後期	後半	加曽利B2					○集										1配								
後期	後半	加曽利B3					○集										配								
後期	後半	曽谷 安行					○集																		
晩期		晩期時期不明																			1				
晩期	初頭	大洞B					○集										2								
晩期	前半	大洞BC 佐野Ⅰ																							
晩期	前半	佐野Ⅱ																							
晩期	後半	氷Ⅰ																							
晩期	後半	氷Ⅱ																							
住居址数			6	2	1	1	147	3	22	26	6	12	13	102	8	0	90	11	46	46	3	0	1	1	1

早期　○ 土坑検出　1 竪穴住居址検出　集 集石　配 配石　□ 遺物散布

前期　○ 土坑検出　1 竪穴住居址検出　□ 遺物散布

中期　○ 土坑検出　1 竪穴住居址検出　独 独立土器　配 配石検出　□ 遺物散布　前 前半詳細時期不明住居址　後14 後半詳細時期不明住居址14　11 詳細時期不明住居址

後期　○ 土坑検出　1 竪穴住居址検出　2配 住居址・配石　○集 土坑・集石　独 独立土器　□ 遺物散布　1 詳細時期不明住居址

晩期　○ 土坑検出　2 竪穴住居址検出　○集 土坑・集積　焼10 焼土址住居址　配 配石　□ 遺物散布　1 詳細時期不明住居址

時期					芥沢	天狗山	勝山	山の神(横山)	蟹畑	晴ヶ峯	出頭	高部	中村・外垣外	御社宮司	大歳神社	構井	阿弥陀堂
地域					西山山麓								宮川沖積地		上川段丘		
地形特徴					崖錐地・扇状地								沖積地		河川段丘		
遺跡種別					集落	集落	集落	集落	集落	散布地	集落	集落	散布地	集落	散布地	集落	集落
縄文時期不明			142	142		2	39										
草創期		有茎尖頭器		0													
草創期		撚糸		0													
早期		早期時期不明	0	0													
早期	前半	立野	24	20		2											
早期	前半	樋沢		3													
早期	前半	細久保		1													
早期	後半	田戸	1	0		○											
早期	後半	野島 鵜ヶ島台		0													
早期	後半	茅山		1													
早期	末		15	15													
前期		前期時期不明	0	0													
前期	初頭	塚田 花積	109	109	37	16											
前期	前半	中越 関山	112	107												7	
前期	前半	神ノ木 有尾							1								
前期	前半	諸磯A		5					1								
前期	後半	諸磯B	82	2													
前期	後半	諸磯C 下島		80													
前期	後半	籠畑															
中期		中期時期不明	81	81				後2									1
中期	初頭	九兵衛尾根Ⅰ	87	34													
中期	初頭	九兵衛尾根Ⅱ		53								2					
中期	前半	狢沢	429	85													
中期	前半	新道		213		○	1					2					
中期	前半	藤内Ⅰ															
中期	前半	藤内Ⅱ					1										
中期	前半	井戸尻Ⅰ		131				1									
中期	前半	井戸尻Ⅱ															
中期	前半	井戸尻Ⅲ															
中期	後半	曽利Ⅰ	808	128			3	1								1	
中期	後半	曽利Ⅱ		235		3	11	1				2					4
中期	後半	曽利Ⅲ		207			6	1				2					4
中期	後半	曽利Ⅳ		169			2					1					1
中期	後半	曽利Ⅴ		69			3				1	○					1
後期		後期時期不明	6	7													
後期	初頭	称名寺	41	41													
後期	前半	堀之内1	112	105			13					○					1
後期	前半	堀之内2															
後期	前半	加曽利B1		7													
後期	後半	加曽利B2	1	1													
後期	後半	加曽利B3		0													
後期	後半	曽谷 安行		0													
晩期		晩期時期不明	1	1													
晩期	初頭	大洞B	2	2													
晩期	前半	大洞BC 佐野Ⅰ	0	0										配4			
晩期	前半	佐野Ⅱ		0													
晩期	後半	氷Ⅰ	10	10										焼10			
晩期	後半	氷Ⅱ							○								
住居址数			2140	2140	37	23	79	6	2	0	1	9	0	10	0	8	12

時期			阿久尻	入の日影	頭殿沢	御狩野	金山沢北	判ノ木山東	判ノ木山西	大悦南	大悦	神垣外	古御堂	林の峰	長峰
地域			八ヶ岳南麓												
地形特徴			火砕流堆積段丘面												
遺跡種別			集落	散布地	集落	散布地	集落	集落	集落	散布地	散布地	散布地	集落	集落	集落
縄文時期不明															
草創期		有茎尖頭器													
草創期		撚糸													
早期		早期時期不明													
早期	前半	立野			集										
早期	前半	樋沢	1				集			集					
早期	前半	細久保													
早期	後半	田戸													
早期	後半	野島 鵜ヶ島台													
早期	後半	茅山													
早期	末														
前期		前期時期不明													
前期	初頭	塚田 花積													
前期	前半	中越 関山	29												
前期	前半	神ノ木 有尾													
前期	前半	諸磯A													
前期	後半	諸磯B													
前期	後半	諸磯C 下島													
前期	後半	籠畑													
中期		中期時期不明												1	2
中期	初頭	九兵衛尾根Ⅰ						1					2		
中期	初頭	九兵衛尾根Ⅱ			6				○						2
中期	前半	狢沢			3				8				3		
中期	前半	新道											3		
中期	前半	藤内Ⅰ													
中期	前半	藤内Ⅱ						1	1					3	1
中期	前半	井戸尻Ⅰ	7					3							
中期	前半	井戸尻Ⅱ						1							1
中期	前半	井戸尻Ⅲ						3							
中期	後半	曽利Ⅰ							3						
中期	後半	曽利Ⅱ												1	1
中期	後半	曽利Ⅲ													
中期	後半	曽利Ⅳ													1
中期	後半	曽利Ⅴ													
後期		後期時期不明													
後期	初頭	称名寺													○
後期	前半	堀之内1													○
後期	前半	堀之内2													
後期	前半	加曽利B1													
後期	後半	加曽利B2													
後期	後半	加曽利B3													
後期	後半	曽谷 安行													
晩期		晩期時期不明													
晩期	初頭	大洞B													
晩期	前半	大洞BC 佐野Ⅰ													
晩期	前半	佐野Ⅱ													
晩期	後半	氷Ⅰ													
晩期	後半	氷Ⅱ													
住居址数			37	0	9	0	0	9	12	0	0	0	8	5	8

時期			中沢	尾根田	藤塚	式部汐	頭無	上御前	小堂見	茅野和田	中御前	下ノ原	鹿尾根	馬捨場	鹿垣
地域			八ヶ岳南麓												
地形特徴			火砕流堆積段丘面												
遺跡種別			散布地	集落	集落	集落	集落	集落	集落	集落	集落	集落	集落	集落	散布地
縄文時期不明												5			
草創期		有茎尖頭器													
草創期		撚糸													
早期		早期時期不明													
早期	前半	立野													
早期	前半	樋沢												○	
早期	前半	細久保													
早期	後半	田戸													
早期	後半	野島 鵜ヶ島台													
早期	後半	茅山													
早期	末														
前期		前期時期不明													
前期	初頭	塚田 花積										1			
前期	前半	中越 関山								5					
前期	前半	神ノ木 有尾													
前期	前半	諸磯A													
前期	後半	諸磯B													
前期	後半	諸磯C 下島					1	1				1			
前期	後半	籠畑					○	1							
中期		中期時期不明			後2						後3				中
中期	初頭	九兵衛尾根Ⅰ							4						
中期	初頭	九兵衛尾根Ⅱ										1		6	
中期	前半	狢沢			1					1		3			
中期	前半	新道				1						1			
中期	前半	藤内Ⅰ		1						3		3	1		
中期	前半	藤内Ⅱ								3		6			
中期	前半	井戸尻Ⅰ								3		2			
中期	前半	井戸尻Ⅱ								7					
中期	前半	井戸尻Ⅲ			1					12		2			
中期	後半	曽利Ⅰ			7					10	1	3			
中期	後半	曽利Ⅱ			5					10	1			1	
中期	後半	曽利Ⅲ			2					12	1	1			
中期	後半	曽利Ⅳ								7	1	1			
中期	後半	曽利Ⅴ			3配					4	1				
後期		後期時期不明													
後期	初頭	称名寺								○			1独		
後期	前半	堀之内1								1		2配			
後期	前半	堀之内2								2		○			
後期	前半	加曽利B1								配		○			
後期	後半	加曽利B2													
後期	後半	加曽利B3													
後期	後半	曽谷 安行													
晩期		晩期時期不明													
晩期	初頭	大洞B													
晩期	前半	大洞BC 佐野Ⅰ													
晩期	前半	佐野Ⅱ													
晩期	後半	氷Ⅰ													
晩期	後半	氷Ⅱ													
住居址数			0	1	21	1	1	2	4	80	8	32	1	7	0

時期			夕立	梵天原	上見	中原	稗田頭C	稗田頭B	稗田頭A	大久保	上の平	師岡平
地域			八ヶ岳西麓									
地形特徴			火砕流堆積段丘面									
遺跡種別			散布地	散布地	散布地	集落	集落	集落	集落	集落	集落	集落
縄文時期不明												
草創期		有茎尖頭器										
草創期		撚糸										
早期		早期時期不明										
早期	前半	立野										
早期	前半	樋沢										集
早期	前半	細久保										
早期	後半	田戸										
早期	後半	野島 鵜ヶ島台										
早期	後半	茅山										
早期	末					2						
前期		前期時期不明										
前期	初頭	塚田 花積										
前期	前半	中越 関山										
前期	前半	神ノ木 有尾										
前期	前半	諸磯A										
前期	後半	諸磯B										
前期	後半	諸磯C 下島								1	2	
前期	後半	籠畑	○	○	○				1			
中期		中期時期不明										
中期	初頭	九兵衛尾根Ⅰ					9		2			1
中期	初頭	九兵衛尾根Ⅱ				1		9				1
中期	前半	狢沢							4		2	
中期	前半	新道									1	
中期	前半	藤内Ⅰ									1	
中期	前半	藤内Ⅱ										
中期	前半	井戸尻Ⅰ										
中期	前半	井戸尻Ⅱ										
中期	前半	井戸尻Ⅲ										
中期	後半	曽利Ⅰ										1
中期	後半	曽利Ⅱ							3			○
中期	後半	曽利Ⅲ							5			○
中期	後半	曽利Ⅳ							16			1
中期	後半	曽利Ⅴ							1			2
後期		後期時期不明										
後期	初頭	称名寺							3			
後期	前半	堀之内1							2			
後期	前半	堀之内2										
後期	前半	加曽利B1										
後期	後半	加曽利B2										
後期	後半	加曽利B3										
後期	後半	曽谷 安行										
晩期		晩期時期不明										
晩期	初頭	大洞B										
晩期	前半	大洞BC 佐野Ⅰ										
晩期	前半	佐野Ⅱ										
晩期	後半	氷Ⅰ										
晩期	後半	氷Ⅱ										
住居址数			0	0	0	3	9	9	37	1	6	6

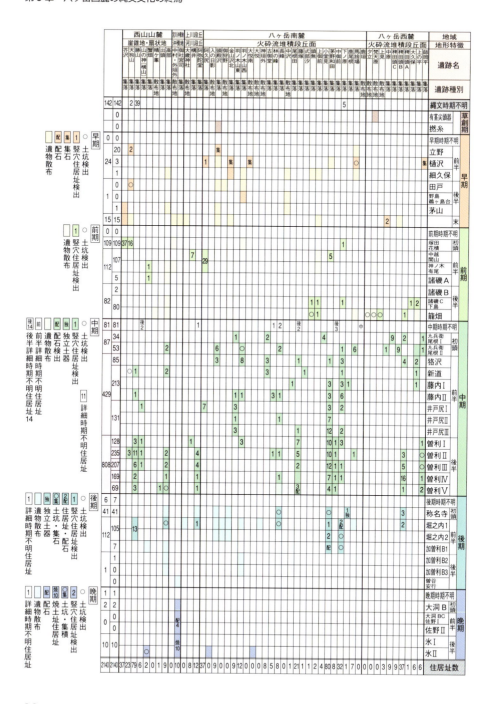

っている。

「仮面の女神」の発見は、八ヶ岳西麓の後期の社会の実態を明らかにする大きな手がかりとなっている。

近年の発掘調査の成果にもとづき、遺跡の継続時期と住居址などの遺構データを発掘調査歴のある市域の一一二遺跡についてまとめ**表1**に示した。それによると、中期の遺物や住居址などが発見された遺跡は八七カ所あり、全体の約七八パーセントを占め、縄文時代の繁栄期は中期であることを示している。これに対して、後期の遺物や住居址などの遺構が発見された遺跡は四九カ所あり、全体の約四四パーセントで、遺跡数は減少傾向を示し、中期をピークととらえると、たしかに後期は衰退期ということができる。

この後期を前半、後半の時期に分け、遺跡の立地する地域別に継続傾向をさぐると興味深いことがみえてくる。中期末の曽利II式期以降から後期初頭の称名寺式期にかけて遺跡は激減する。これが後期前半の堀之内1式期になると、ふたたび遺跡数は増加の傾向を示し、堀之内2式期までは一定数盛り返し、集落も一定の内容を保持している。それが後期前半の加曽利B1式期以降になると遺跡数が極端に急落する。とくにこの時期、八ヶ岳西麓からほとんどの遺跡が消滅するといっても過言ではない状況になる。しかし、それに対して霧ヶ峰南麓では数こそ減少するものの、後期後半以降まで継続する遺跡がみられる。

遺跡継続・消滅の要因

このような地域による遺跡の継続の長短は、何に起因するのであろうか。

黒曜石の山を背後にして、その黒曜石の集積地としての役割を早期末から担ってきた地域的な伝統をもち、黒曜石製石器を製作し、流通させていくシステムを統括していた霧ヶ峰南麓の遺跡群は、その特性を活かし、安定的で継続的な社会基盤を築いていたものと考えられる。

それに対して、中継地としての役割を担ったであろう八ヶ岳西麓の遺跡群は、そのネットワークの崩壊や流通の変化が大きなダメージとして遺跡の消長にまでおよんだと考えられる。

また、遺跡の長期継続の背景には、霧ヶ峰南麓の扇状地・崖錐地の地理的環境も大いに関係したのではないかとも推察できる。なぜならば霧ヶ峰南麓以外の扇状地・崖錐地に立地する遺跡でも、長期継続の傾向がうかがえるからである。扇状地・崖錐地の石まじりの再堆積土地域と八ヶ岳山麓部の黒ボク土地域との環境差も、遺跡の継続性に何らかの影響を与えたのであろう。

縄文時代後期集落の継続傾向

さて、後期集落の継続時期を分類すると、称名寺式期から加曽利B2式期以降まで五つ以上の土器型式が継続する長期継続の集落＝Aタイプ、称名寺式期から堀之内2式期を中心とし、若干、加曽利B1式期まで残る中期継続の集落＝Bタイプ、称名寺式期から堀之内2式期までの継続集落＝Cタイプ、称名寺式期から堀之内1式期までしか継続しない集落＝Dタイプ、単一の土器型式しか認められない集落＝Eタイプとまとめることができる。

前項でも述べたが、Aタイプの長期継続集落は、霧ヶ峰南麓に偏在する傾向があるが、八ヶ岳西麓ではAタイプの長期継続集落は認められず、長くても後期前半の加曽利B1式期まで継続するBタイプの遺跡である中ッ原遺跡、聖石遺跡、下ノ原遺跡、茅野和田遺跡の四遺跡だけで、あとは継続時期の短いC・D・Eタイプの遺跡で、後期に突然出現する集落はない。

継続型の遺跡は、中期に形づくられた集落が、後期初頭の称名寺式期にいったん途絶えるものの、ふたたび堀之内1式期に集落として形づくられるものが通常である。このような継続性の強い集落は、中期でも継続性が高く、規模の大きな中核的な環状集落である。

後期前半の堀之内式期の集落のあり方をみると、規模が大きな集落が残り継続する傾向を指摘できる。この現象は、八ヶ岳西麓で中期に拡散していた小規模な集落が、中核的な集落へ集約された結果を示しているのではないかと思われる。

2 中ッ原ムラの終焉と「仮面の女神」

八ヶ岳西麓の縄文時代後期のムラの減少

表1に示したように、八ヶ岳西麓は加曽利B2式期からほとんど無人の荒野と化してしまう大きな画期を迎える。この大きな変革期は突如訪れたものではなく、堀之内2式期が一つの転換期となっていたことを**表2**から読みとることができる。

この転換期をいかにして乗り越えて継続していくか、各集落ではさまざまな方策に取り組んでいったものと考えられる。小規模集落の長期継続の大形集落への集約化や、中ッ原遺跡での

表2●八ヶ岳西麓の縄文時代後期集落の継続傾向

立地地域	立地地形	遺跡名	種類 集落	散布地	その他	中期	後期 時期不明	初頭 称名寺	前半 堀之内1	堀之内2	加曽利B1	後半 加曽利B2	加曽利B3	曽谷・安行	集落の継続型	住居構造 竪穴住居	敷石住居	方形柱穴列	土坑 土坑	鉢被せ	独立土器	集石・配石	後期土偶
		御座岩岩陰				→									A								
		栃窪岩陰				→									A								
		上之段				→				1					A	1		5	○				
霧ケ峰南麓	崖錐地・扇状地	上の平													—								
		よせの台				→			○						D				○				
		一ノ瀬・芝の木				→			8		1				A	7	2	19	○	7	○	○	中実破片5
		大六殿				→			4						E	3	1		○			○	
		駒形				→			2		1				B		3		○	4	○	○	
		大田苅				→			1						E		1						
		向林													—								
		大桜				→	1		5	2	2				B	2	8		○	2	○	○	中実破片1
		八幡坂				→		1							E	1							
		棚畑				→		○	○	○	○集	○集	○集	○集	A			6	○	4		○	中実1・中空破片1
		土佐屋敷							1						E	1							
八ヶ岳西麓	火砕流堆積段丘面	笹原上第2													—								
		下尾根													—								
		長峯				→		7		3					C	5	5	2	○	1			
		聖石				→	3	7	21	4	4				B	11	28	4	○		1	○	
		別田沢						1							E		1						
		広井出													—								
		新井下				→	2	3	3						D	7	1		○				
		中ッ原				→	1	4	5	9	1				B	10	10	○	○	10		○	中空完形1
		中原							1						C		1				○		
		立石				→		4	1	○					C	5		7	○			○	
		中ッ原A				→			2配						E	1	1	3				○	
		中ッ原B													—								
		菖蒲沢A													—								
		与助尾根南													—								
		新水掛A							1						—		1						
		鴨田				→		○	4						D	2	2		○				
		塩之目尻				→		8	16						D	17	7	12				○	
		中ツルネ				→		3							E	2	1						
		稗田頭A				→		3	2						D	2	3	5					
八ヶ岳南麓		馬捨場													—								
		下ノ原				→			2配	○	○				B		2	6		1		○	中実破片1
		茅野和田				→		○	1	2	配				B		3					○	
		長峰				→		○	○						D				○				
		神垣外													—								
		判ノ木山西				→									—								
		金山沢北													—								
		御狩野													—								
		頭殿沢				→									—								
上川・宮川	河川段丘	阿弥陀堂				→			1								1						
		大蔵神社													—								
		御社宮司																					
西山山麓	扇状地崖錐地	高部				→			○										○				
		蟹畑													—								
		勝山				→			13							10	3			6		○	
								49	82	21	9	0	0	0									
								49	112														

Aタイプ集落　Bタイプ集落　Cタイプ集落　Dタイプ集落

○ 土坑検出　8 竪穴住居址検出　2配 住居址・配石　○集 土坑・集石

「仮面の女神」の制作、墓壙への副葬といった新たな祭祀と、鉢被せ葬の複合・強化、聖石遺跡での大規模な土木造成、周堤礫構造をもつ住居の構築などは、転換期を乗り越えていこうとする取り組みの一端かと思われる。

　このような求心力を高める仕組みづくりから、何とかムラや集団を存続させようとする姿を読み取ることができる。そのなかでも「仮面の女神」の制作と墓壙への副葬は、最上位の仕組みであったと考えられる。このような仕組みづくりを支えた背景を推定する材料として、集落の再組織化と墓制のあり方に注視すると、集団の階層化が進み、優位性をもった者の確立、この人物を中心に転換期を乗り越えようとした集団の再組織化した姿を想定できる。

　しかし、この体制も大きな環境変化などに対処しきれなかった結果、加曽利Ｂ２式以降の八ヶ岳西麓の縄文文化は終焉へとむかってしまう。

　現代でも人口減少化は、大きな社会問題として取り上げられ、廃村、社会集団の衰退や崩壊が現実的に起こってきている。これに対してさまざまな方策、たとえば小規模村落の離村や集落の集約化などの手立てが講じられているところである。

　縄文時代と現代とでは、社会環境や自然環境に異なりがあり、一概に論じることはできないが、人口減少は社会集団の衰退・崩壊、生産力、社会・文化の衰退、弱体化を招くとされる。とくに縄文時代では、集団構成員の減少は食糧獲得への投下力の減少にも直結するものと想像でき、食糧獲得の低下は社会の縮小、人口の減少につながり、ひいてはそれが集団組織の崩壊へと進み、地域圏の解体につながったものと考えられる。また、地域圏の崩壊はとりもなおさず、中ッ原ムラの担っていた八ヶ岳西麓への流通拠点、ネットワークの崩壊にもつながり、中ッ原ムラの終焉に大きな影響を与えたものと考えられる。

「仮面の女神」とシャーマンの死

「仮面の女神」が出土した時点から、なぜ中ッ原遺跡にこの土偶が、しかも墓壙に副葬されたのであろうかとの疑問が寄せられていた。これを直接さぐる手立てをもちあわせてはいないが、鉢被せ葬が優位性をもつ者の埋葬であると仮定すると、「仮面の女神」の出土状態の観察から導き出された、「仮面の女神」を壊し、胎内に願いを詰め再置する儀式をへて「仮面の女神」が副葬された者は、最上位の優位性をもつ被葬者であったと想定できる。

「仮面の女神」は大地にどっしり〝立つ大形土偶〟の力強さ、黒くつややかに輝く威厳と、中空構造にあらわされた母体の強調には、集落または地域の衆人からみられるシンボルとしての土偶の役割をはたしていた可能性を秘めており、また、その写実的な仮面表現は、この土偶を用いたマツリを司るシャーマンの姿を写し取っているようにみえる。

この被葬者は、どのような者であったろうか。想像を豊かにするならば、八ヶ岳西麓からムラが消え衰退していく堀之内２式期の中ッ原のムラを背負い、中期からつづく伝統的な中ッ原ムラをいかに維持し、このムラの求心力を保っていこうと、さまざまな取り組みをしたシャーマンの姿を求めることができないか。

このシャーマンが死に、これを悼み、そして大切に祀られていた大形土偶を壊し、ふたたび元の姿に戻す儀式をへて副葬された背景には、死者の蘇り、急速に低下していく環境がふたたび豊かになるようにとの強い願いが込められた結果ではないかと想像できる。しかし、この強い願いは叶わず、八ヶ岳西麓の縄文文化は終焉を迎えることになったのである。

3 中ッ原遺跡の保存

「仮面の女神」が発見されてから、「この重要な遺跡を後世に残すことはできないか」といった声が多くの方々から寄せられた。この発掘調査の起因が、畑地・水田を整備するほ場整備事業であったため、事業の進行と遺跡の保存をどうしたら両立できるか検討が重ねられた。

二〇〇一年三月九日、復元の中間のお披露目と今後の公開予定などについての記者会見で茅野市長は、出土土坑を中心とした土地の公有地化と、これを中心として後期のムラの様子がうかがえる史跡公園の整備を図って遺跡を保存したいとの意向を示した。

ほ場区画の設計変更をへて、二〇〇一年に保存地区の公有地化がおこなわれ、遺跡公園としての基本計画の策定に入った。遺跡公園は「仮面の女神」がつくられた時代である後期前半の様子を復元することとし、発掘調査の成果にもとづき、土坑とそれをかこむ後期の竪穴住居址の状態がわかるように配慮した。とくに「仮面の女神」が出土した土坑周辺の保存方法について議論が交わされ、最終的に土坑周辺を現況のまま露出させ、これに土偶の出土状態をレプリカにより加える手法を採用した。

「仮面の女神」が出土した土坑を中心にその周辺の土坑群をマツリゾーンと位置づけ、このなかには鉢被せのある土坑や方形柱穴列の復元、それを取りかこむように後期の住居址が配されている姿を基本に整備復元された。

二〇〇二年一〇月二〇日「仮面の女神」が出土した中ッ原遺跡に、ふたたび多くの人びとが集った。湖東地区の子どもから大人まで年齢、性別を問わずみんなで、中ッ原縄文ムラの広場に建てる長さ七メートル、直径八〇センチもある大木を、約一キロ離れた中ッ原縄文ムラの隣ムラの新井下縄文ムラから、〝御柱《おんばしら》〟さながら曳き出した。そして、その大木を広場中央から発見された、八本柱の巨大な方形柱穴列のモニュメント柱として建てた。

地域の老若男女が集まり、力を合わせて巨木を曳く姿は、まるで中ッ原縄文ムラ周辺の縄文人が、この地にこぞってマツリを支え、このマツリを中心にみんながまとまり盛り上がる姿を彷彿とさせた。「仮面の女神」を墓壙に供えこの地がふたたび栄えるように願った中ッ原縄文ムラの人びとの願いが通じたようなマツリの姿であった。

図41 ● 中ッ原縄文公園での「縄文おんばしら」
8本柱の後期方形柱穴列の復元柱を「おんばしら」として地元区民と建立。

参考文献

赤羽篤・赤羽義洋「長野県上伊那郡辰野町出土の土偶」『信濃』三一巻四号、一九七九年

鵜飼幸雄「木川寅次郎と中原遺跡―八ヶ岳山麓考古学研究の淵源―」『茅野市尖石縄文考古館開館一〇周年論文集』茅野市教育委員会、二〇一二年

小野正文「山梨県の土偶」『国立歴史民俗博物館研究報告第三七集　土偶とその情報』国立歴史民俗博物館、一九九二年

小平小平治「長野県下佐久郡古墳及諏訪郡石器時代遺物」『東京人類学会雑誌』九一号、東京人類学会、一八九三年

小平雪人「伏見宮博英王殿下御臺臨の龍谷文庫」『郷土』第四巻第三四号、信濃民友社、一九四二年

茅野市教育委員会『中ッ原遺跡―平成一一・一二・一三年度基盤整備事業（土地総）中村地区に伴う埋蔵文化財緊急発掘調査概要報告書―』二〇〇三年

寺内隆夫「遠隔地域の土器―長峯遺跡出土の阿玉台式土器について―」『聖石遺跡・長峯遺跡・（別田沢遺跡）』長野県埋蔵文化財センター、二〇〇五年

戸沢充則『語りかける縄文人』新泉社、二〇〇七年

鳥居龍蔵『諏訪史　第一巻』信濃教育会諏訪部会、一九二四年

原田昌幸『日本の美術第五二七号　土偶とその周辺Ⅱ（縄文後期～晩期）』至文堂、二〇一〇年

三上徹也「新町泉水・後田・中ッ原　仮面土偶の系譜と意義」『茅野市尖石縄文考古館開館一〇周年記念論文集』茅野市教育委員会、二〇一二年

三上徹也『縄文土偶ガイドブック』新泉社、二〇一四年

宮坂英弌「尖石先史聚落址の研究（梗概）―日本石器時代中部山岳地帯の文化―」『諏訪史談会報三号』一九四六年

宮下健司「長野県の土偶」『国立歴史民俗博物館研究報告第三七集　土偶とその情報』国立歴史民俗博物館、一九九二年

両角守一「伏見宮博英王殿下に御伴して諏訪郡遺跡を尋ねる」『史前学雑誌』二巻一号、史前学会、一九三〇年

山下孝司「山梨県韮崎市後田遺跡出土の中空土偶」『考古学雑誌』七五巻一号、一九八九年

Christopher Catling "SOCIETY OF ANTIQUARIES OF LONDON　SALON – the Society of Antiquaries of London Online Newsletter" 2009.

中ッ原遺跡

・長野県茅野市湖東6404
・交通　JR茅野駅より車で約20分

蓼科に向かうビーナスライン沿いに、中ッ原縄文公園として一般に公開している。国宝土偶「仮面の女神」の出土状態をジオラマで展示しているほか、八本柱の方形柱穴列を復元。また発掘した住居跡などの位置が表示され、中ッ原縄文ムラの景観を知ることができる。

中ッ原縄文公園

茅野市尖石縄文考古館

・茅野市豊平4734―132
・電話　0266（76）2270
・開館時間　9：00～17：00（入館16：30まで）
・休館日　月曜日（休日の場合を除く）、年末年始（12月29日～1月3日）、休日の翌日（休日、土・日曜日の場合を除く）
・入館料　大人500円、高校生300円、小中学生200円
・交通　JR茅野駅より奥蓼科渋の湯行バスで「尖石縄文考古館前」下車、所要時間約20分。車で、中央自動車道諏訪ICから約25分、諏訪南ICから約35分

特別史跡尖石遺跡および与助尾根遺跡の復元住居をふくむ史跡公園のなかにある。宮坂英式の尖石遺跡発掘の出土資料、国宝土偶「縄文ビーナス」「仮面の女神」、八ヶ岳山麓出土の縄文中期の豪壮な土器群や黒曜石の精巧な石器などが多数展示されている。また、学習コーナーがあり、ビデオの視聴や図書の閲覧だけでなく、土器づくりなどの体験学習もできる。

茅野市尖石縄文考古館

棚畑遺跡

・茅野市米沢埴原田
・交通　JR茅野駅より車で約15分

遺跡地横の市道に面した工場敷地の一角に、国宝土偶の出土地を伝える棚畑遺跡の碑がある。「縄文ビーナス」をはじめとする出土遺物は、尖石縄文考古館に収蔵展示されている。

遺跡には感動がある

――シリーズ「遺跡を学ぶ」刊行にあたって――

「遺跡には感動がある」。これが本企画のキーワードです。

あらためていうまでもなく、専門の研究者にとっては遺跡の発掘こそ考古学の基礎をなす基本的な手段です。また、はじめて考古学を学ぶ若い学生や一般の人びとにとって「遺跡は教室」です。

日本考古学では、もうかなり長期間にわたって、発掘・発見ブームが続いています。そして、毎年厖大な数の発掘調査報告書が、主として開発のための事前発掘を担当する埋蔵文化財行政機関や地方自治体などによって刊行されています。そこには専門研究者でさえ完全には把握できないほどの情報や記録が満ちあふれています。しかし、その遺跡の発掘によってどんな学問的成果が得られたのか、その遺跡やそこから出た文化財が古い時代の歴史を知るためにいかなる意義をもつのかなどといった点を、莫大な記述・記録の中から読みとることはなはだ困難です。ましてや、考古学に関心をもつ一般の社会人にとっては、刊行部数が少なく、数があっても高価なその報告書を手にすることすら、ほとんど困難といってよい状況です。

いま日本考古学は過多ともいえる資料と情報量の中で、考古学とはどんな学問か、また遺跡の発掘から何を求め、何を明らかにすべきかといった「哲学」と「指針」が必要な時期にいたっていると認識します。

本企画は「遺跡には感動がある」をキーワードとして、発掘の原点から考古学の本質を問い続ける試みとして、日本考古学が存続する限り、永く継続すべき企画と決意しています。いまや、考古学にすべての人びとの感動を引きつけることが、日本考古学の存立基盤を固めるために、欠かせない努力目標の一つです。必ずや研究者のみならず、多くの市民の共感をいただけるものと信じて疑いません。

二〇〇四年一月

戸沢充則

著者紹介

守矢昌文（もりや・まさふみ）

1957年、長野県茅野市生まれ。

大正大学文学部史学科日本史学専攻卒業。

茅野市尖石縄文考古館館長。

主な著作　「長野県諏訪地方における中期後半の土偶」（『土偶研究の地平―「土偶とその情報」研究論集（2）―』勉誠社）、「中ッ原遺跡における仮面土偶出土の意義」（『考古学ジャーナル』608）、「下手な縄文土器―八ヶ岳西麓・霧ヶ峰南麓の縄文時代中期の粗雑な作りの土器―」（『茅野市尖石縄文考古館開館10周年記念論文集』茅野市尖石縄文考古館）ほか

写真提供（所蔵）
図2－西ノ前遺跡出土「縄文の女神」：山形県立博物館、風張1遺跡出土「合掌土偶」：八戸市埋蔵文化財センター是川縄文館、著保内野遺跡出土「中空土偶」：函館市／図32：辰野美術館／図33:韮崎市教育委員会
上記以外は茅野市尖石縄文考古館

図版出典・参考（一部改変）
図4：国土地理院20万分の1地勢図「長野」「甲府」／図19：茅野市遺跡地図2万5千分の1／図21・22・35・39：茅野市教育委員会 2003／図28：赤羽篤・赤羽義洋 1979・山下孝司 1989・茅野市教育委員会 2003／図29：茅野市教育委員会『大桜遺跡』2001／図31：国土地理院100万分の1日本図II

上記以外は著者

シリーズ「遺跡を学ぶ」120

国宝土偶「仮面の女神」の復元　中《なか》ッ原《ばら》遺跡

2017年 8月10日　第1版第1刷発行

著　者＝守矢昌文

発行者＝株式会社 新 泉 社

東京都文京区本郷2－5－12
TEL 03（3815）1662／FAX 03（3815）1422
印刷／三秀舎　製本／榎本製本

ISBN978－4－7877－1640－8　C1021

シリーズ「遺跡を学ぶ」

第1ステージ (各1500円+税)

04 原始集落を掘る　尖石遺跡　勅使河原彰
07 豊饒の海の縄文文化　曽畑貝塚　木﨑康弘
09 氷河期を生き抜いた狩人　矢出川遺跡　堤　隆
12 北の黒曜石の道　白滝遺跡群　木村英明
14 黒潮を渡った黒曜石　見高段間遺跡　池谷信之
15 縄文のイエとムラの風景　御所野遺跡　高田和徳
17 石にこめた縄文人の祈り　大湯環状列石　秋元信夫
19 縄文の社会構造をのぞく　姥山貝塚　堀越正行
27 南九州に栄えた縄文文化　上野原遺跡　新東晃一
31 日本考古学の原点　大森貝塚　加藤　緑
36 中国山地の縄文文化　帝釈峡遺跡群　河瀬正利
37 縄文文化の起源をさぐる　小瀬ヶ沢・室谷洞窟　小熊博史
41 松島湾の縄文カレンダー　里浜貝塚　会田容弘
45 霞ヶ浦の縄文景観　陸平貝塚　中村哲也
54 縄文人を描いた土器　和台遺跡　新井達哉
62 縄文の漆の里　下宅部遺跡　千葉敏朗
70 縄紋文化のはじまり　上黒岩岩陰遺跡　小林謙一
71 国宝土偶「縄文ビーナス」の誕生　棚畑遺跡　鵜飼幸雄
74 北の縄文人の祭儀場　キウス周堤墓群　大谷敏三
80 房総の縄文大貝塚　西広貝塚　忍澤成視
83 北の縄文鉱山　上岩川遺跡群　吉川耕太郎
87 北陸の縄文世界　御経塚遺跡　布尾和史
89 狩猟採集民のコスモロジー　神子柴遺跡　堤　隆
92 奈良大和高原の縄文文化　大川遺跡　松田真一
97 北の自然を生きた縄文人　北黄金貝塚　青野友哉
別01 黒耀石の原産地を探る　鷹山遺跡群　黒耀石体験ミュージアム
別03 ビジュアル版縄文時代ガイドブック　勅使河原彰

第2ステージ (各1600円+税)

107 琵琶湖に眠る縄文文化　粟津湖底遺跡　瀬口眞司
110 諏訪湖底の狩人たち　曽根遺跡　三上徹也
113 縄文のタイムカプセル　鳥浜貝塚　田中祐二